总　序

《尔雅中文——汉语言专业本科系列教材》（以下简称《尔雅中文》）是面向以汉语作为第二语言的学习者的汉语言专业本科学历教育教材，是继上世纪 90 年代至本世纪初出版的《对外汉语本科系列教材》之后推出的新一代大型系列教材。

近年来，国际职场对复合型汉语人才的需求猛增，对专业建设、教学改革、课程建设以及教材编写都提出了新的要求。我们顺应这一发展趋势，将汉语言专业的人才培养目标由以往单纯强调语言技能的“汉语专门型人才”调整为目前的具备“语言＋专业”复合能力的“汉语通用型人才”，在汉语言专业陆续增设一些新的方向，凸显出汉语言专业课程体系的时代特色。但是，我们充分认识到，对于汉语言专业的学生而言，核心问题仍是如何更有利于自身语言能力的提高，特别是语言交际能力、认知能力、跨文化交流能力等综合性、复合型能力的提升。因此，虽在语言技能、语言知识课程外增设了较为系统的历史文化、国情社会、经济商务等方向的课程，但是，这些课程不是仅用来灌输知识的，而是为更好地扩展语言能力而服务，以语言能力培养为核心的理念并未改变。

《尔雅中文》教材体系与专业课程体系紧密相连，包含了横向和纵向两个序列：横向上，在不断完善语言技能、语言知识、文化系列教材的基础上，增设了较为系统的商务、翻译、教学等专业方向的专业语言技能和专业知识教材；纵向上，建立起更为缜密的综合课与听、说、读、写、译各分技能课的一至四年级的梯度等级，平衡了一般技能课跟各序列的专业技能课、知识课的比例。横向与纵向协调发展，形成了汉语言专业本科大型教材的网状系统，最大程度地体现出专业教学的系统性、关联性、层级性和针对性，也为以汉语言专业为依托、面向汉语作为第二语言学习者的本科专业群的建设奠定了坚实的基础。《尔雅中文》教材相对应的课程序列与梯度等级如图所示：

课程序列与梯度等级示意图

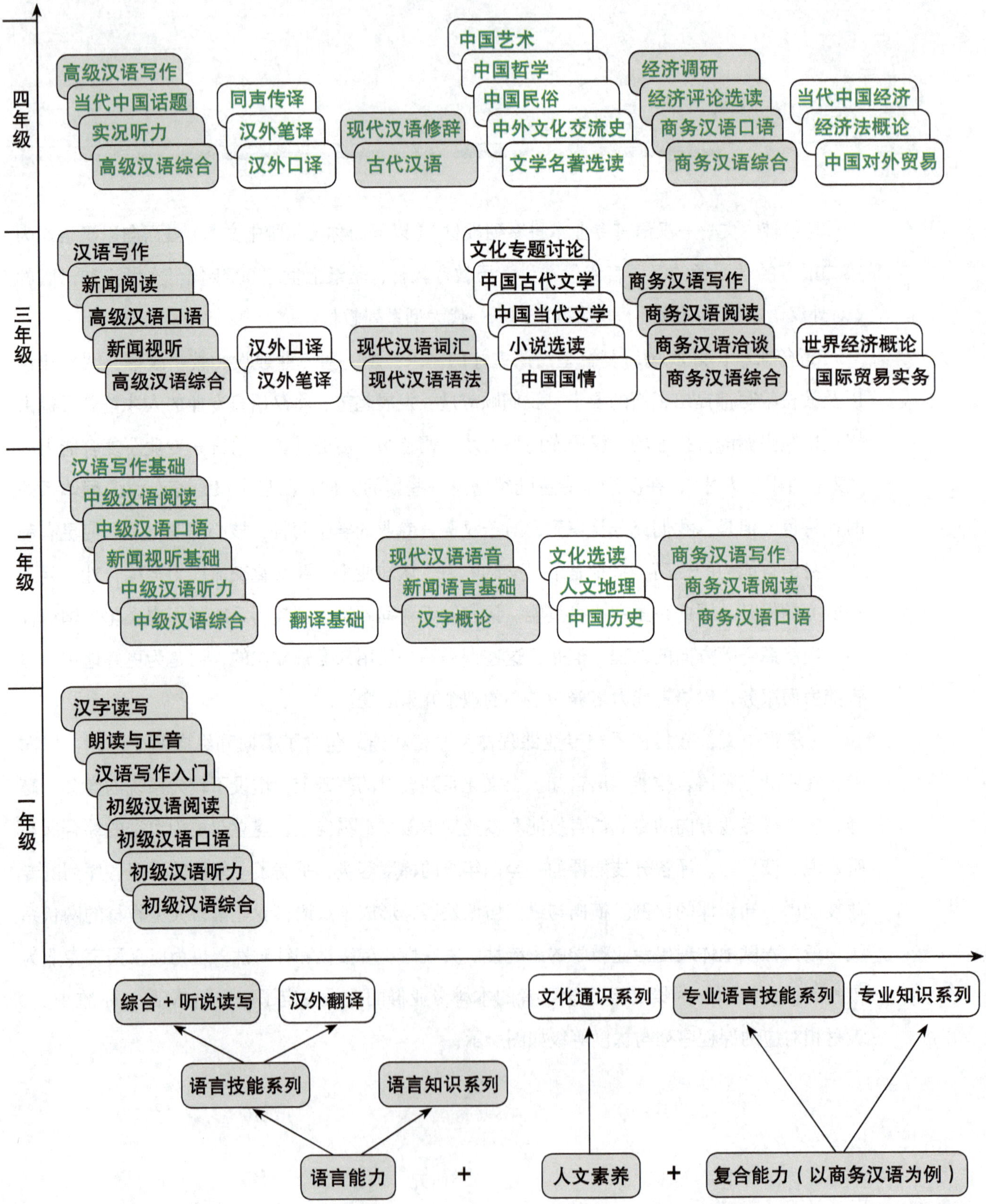

"十二五"国家重点出版物出版规划项目
国家汉办新世纪汉语本科系列教材研发项目

汉语言专业本科系列教材·听说类

NEWS CHINESE: AUDIO-VISUAL COURSE II

新闻视听

下

Textbook
课本

主　编：刘　畅
编　者：李建成　高　蕊　钱亮亮
李靖华　刘　畅　文　瑛

ERYA CHINESE
尔雅中文

北京语言大学出版社
BEIJING LANGUAGE AND CULTURE UNIVERSITY PRESS

图书在版编目（CIP）数据

新闻视听．下 / 刘畅主编．-- 北京：北京语言大学出版社，2018.6
（尔雅中文）
ISBN 978-7-5619-5084-5

Ⅰ．①新… Ⅱ．①刘… Ⅲ．①汉语－听说教学－对外汉语教学－教材 Ⅳ．① H195.4

中国版本图书馆 CIP 数据核字（2018）第 043578 号

新闻视听（下）
XINWEN SHITING (XIA)

排版制作：北京创艺涵文化发展有限公司
责任印制：周 燚

出版发行：北京语言大学出版社
社 址：北京市海淀区学院路 15 号，100083
网 址：www.blcup.com
电子信箱：service@blcup.com
电 话：编辑部 8610-82303647/3592/3395
国内发行 8610-82303650/3591/3648
海外发行 8610-82303365/3080/3668
北语书店 8610-82303653
网购咨询 8610-82303908
印 刷：北京虎彩文化传播有限公司

版 次：2018 年 6 月第 1 版 印 次：2018 年 6 月第 1 次印刷
开 本：787 毫米 × 1092 毫米 1/16 印 张：8.25/4.5
字 数：241 千字
定 价：79.00 元

PRINTED IN CHINA

《尔雅中文》系列教材在继承上一代《对外汉语本科系列教材》长处的同时，更加贴近现实社会需要和学习者的需求，也融入了近些年汉语言专业课程建设与教学改革的多方面成果，从而呈现出崭新的面貌，形成了自己的特点。概括起来有以下四点：

一、总体设计更具系统性和前瞻性，最大程度地反映出专业人才培养的新目标

语言技能、语言知识、文化知识、专业语言技能、专业知识五大板块既相互关联，又各自独立。语言技能课程贯穿始终，凸显以养成语言能力为主的专业发展理念；文化知识序列不断丰富，体现出对汉语国际教育本质的全面认识，自觉地将提升人文素质、培养全面发展的人作为汉语言专业本科教育的最终目标。专业技能和知识课程在中高级阶段逐步增加，循序渐进，实现由初级的“语言技能＋语言知识”基础能力向中高级的“语言＋专业”综合能力的自然过渡。同时，各专业方向的教材都具有自身特色，自成体系，体现了统一中的多样性，也体现了专业人才培养模式向厚基础、宽口径、复合型的转变。

二、语言技能序列的设计更具延展性，结构更加合理

作为面向汉语作为第二语言学习者的汉语言专业本科系列教材，由汉语综合技能与以“听、说、读、写”分立形成的各分技能训练无疑是其主干部分。这套教材的设计与编写，不仅填补了中高级阶段“听、说、读、写”分技能教材的诸多空白，而且增强“译”这一重要的技能，形成了“听、说、读、写、译”各自独立并相互关联的完整的分技能序列。与此同时，初、中、高各教学阶段逐层递进，且横向延伸，使得语言技能教材序列更加协调和完整。由于汉语综合课以及听、说、读、写、译各技能课都自成体系，具备面向初中高三个阶段、四个年级的多层级和覆盖面广的特点，因此，教材的使用范围、对象就不限于本科学历教育，而是对各种层次和需求的中文学习者都具有不同程度的适用性，可以各取所需。

三、强化以学习者为中心的教材编写意识，跨文化视角更加突出

编写者大都为多年从事汉语作为第二语言教学工作的资深教师，基本上都具有海外汉语教学的经历，对不同课型的教学原则和实践策略有着较为深入的了解和体会，对大量的同类汉语教材的编写理念以及教学法、跨文化交际理论等做过前期研究。从教师规划学习内容、层级、知识点，到编排教材中的练习及设计课堂活动，尽量从学生学习的视角和跨文化的视角去安排、镕裁，换言之，更加重视教材编排跟教学过程、习得过程与效果的关联程度，使语言及文化、商务的教材内容丰富而生动，以提高学生主动学习的兴趣以及课堂活动的参与度。

四、通过调查统计、大纲设计和试用试验等环节，使教材编写有章可循、科学实用

新一代汉语言专业本科系列教材的编写工作启动于2007年，首先对原有教材、国内外市场同类教材的使用情况进行调研。编写者均为相应课型的任课教师，且大多参与过上一代教材的编写工作，对任务轻重和努力方向都有较深的体会。同时，组织资深的教学研究专家以及语言、文化、商务、翻译等领域的专家，与教材编写小组共同研讨，确立各部教材的基调，审阅推敲文稿，斟酌取舍。教材编写过程较长，

各位作者付出了大量心血，已编成的教材提交出版前大多试用过几个学期，对象涉及来自世界上 80 多个国家和地区的上千名留学生，每学期试用后，教师都会汇总情况、分析研究，做出适当的修订、更新。

大纲是教材编写的重要前提，并贯彻于整个编写过程。教材与大纲处于动态关系之中，大纲统摄教材，但并非一成不变，教材编写促使大纲趋于完善。本系列教材主要参照《高等学校外国留学生汉语言专业教学大纲》（2002）和《新汉语水平考试大纲（1～6 级）》（2009、2010），同时参酌各类语言大纲、框架、标准、词表、调查报告等研究成果，其中的各个序列、各部教材都按照自身性质与类型，研制了便于操作的词汇、语法、功能及话题大纲，既自成一体，又相互照应。对此，各部教材都有自己的编写前言，会做更详细的说明。大纲编订与教材编写相辅相成，教材一面世，大纲也随即推出，如商务汉语方向的教材编写者同时研制出版了《经贸汉语本科教学词汇大纲》（2012），文化大纲的编订也与教材编写协调配合，这些使得教材编写的科学性和内在系统性得以保障。

根据不同的课程性质和专业方向，《尔雅中文》系列教材划分为四大序列：汉语言技能与知识；汉外翻译；文化通识；商务汉语。翻译往往被视为一种语言技能，原本可归入语言技能与知识序列，但鉴于翻译能力是一种复合能力，翻译类课程及教材在一至四年级自成一统，翻译综合课、口译课、笔译课等体系完备，且涉及多个国别，所以这里单列出来。

北京语言大学面向留学生开办汉语言专业的本科学历教育，始于上世纪 70 年代末，其成长过程历史地见证了中国改革开放以来汉语国际教育的发展。历经几代人的辛勤努力，2008 年 9 月，汉语言专业被批准为国家级高等学校特色专业，2010 年 7 月，汉语言专业教学团队被评为国家级教学团队。这套教材的大部分编著者均出自这一专业团队。汉语言专业的每一步改革与创新，都离不开北语几代对外汉语教育工作者的关心与鼓励，离不开学校领导及海内外专家的大力支持。这里要特别感谢北京语言大学副校长戚德祥、北京语言大学出版社董事长兼总编辑张健和各位责任编辑，这套教材历经数年终于得以问世，跟他们的严谨态度、耐心督促和细致工作密不可分，而教材得以入选新闻出版总署“十二五”国家重点出版物出版规划项目，正是教材编写规划团队与编辑出版团队精诚合作的结果。

系列教材取名“尔雅”，众所周知，《尔雅》是中国古代汇集分类专门词语以供人学习的经典，这里取其字面义，“尔”通“迩”，“尔雅”指趋于雅正、得体。语言学习不可一蹴而就，而是一个不断接近目标语和目标文化的累积过程，或许正因如此，英国人威妥玛（Thomas Francis Wade）将其所编的汉语口语和书面语教材命名为《语言自迩集》和《文件自迩集》。我们编写新一代汉语言专业本科系列教材，同样是希望学生通过系统的学习，逐渐接近目标语言与文化，获得较强的跨文化交流能力，最终不仅要达到较高的汉语水平，而且要更加深入地了解中国社会的政治经济和历史文化。

是为总序。

《尔雅中文》编写委员会

编写说明

编写理念

本教材是在对外汉语教学模式从 E-Learning（Electronic Learning，数字化或网络化学习）发展到 B-Learning（Blending/Blended Learning，混合学习）的今天，以“混合学习”理念为指导，将传统的课堂学习与数字化学习相结合，将面对面教学与在线学习相结合，将以教为中心和以学为中心两种指导思想相结合，经调查研究、试用实践编写而成。

适用对象

作为《尔雅中文——汉语言专业本科系列教材》中的组成部分之一，本教材适用于三年级本科生“新闻视听”课程的教学；同时也可供具有 HSK 五级（含）以上水平的其他学习者使用。

教材构成

1. 全书结构

本教材包括课本和学习参考，并提供配套音频、视频材料。

课本和学习参考均分上、下两册。每册10个专题单元，包括教育、生活、时政、社会、文化、财经、娱乐、体育、科技、环境等；上、下册单元的专题一致，难度有所区别。另外每册各配有两个测试小结单元。

2. 单元结构

10 个专题单元各由 4 个板块构成，内容均围绕同一主题，互相联系又各有侧重。第一板块所用语料为自编对话，该板块的编写意图是引入新闻内容，激发学生兴趣，并扫清生词、句式障碍，通过循序渐进的教学降低新闻视听的难度。对话尽量关联第二板块精听课文中的重点，有需要时涉及第三板块泛听课文，这种关联体现在两个方面：一是主体内容上有所引导，二是重点生词、句法形式在此进行一定的处理。第二板块为真实电视新闻视频（可通过扫描二维码或登录网址 http://my.tv.sohu.com/pl/9071492/index 观看新闻），搭配生词和典范句，并对新闻常用表达等加以简单例释。第三板块为拓展补充的泛听练习材料，对真实新闻语料进行改编处理并录音而成。第四板块为新闻快递，是任务型教学法在本教材中的集中体现，这一板块让学生通过完成搜集时事新闻等具体任务，将本课所学内容融会贯通。

每个测试小结单元均由 5 则相关专题新闻及 50 道试题构成，供学生自测或教师进行阶段性测试使用。测试时，教师可根据学生水平自由选择播放 2 ～ 4 次录音材料。

教材特点

本教材在注重新闻时效性的同时，着重强调新闻的语篇结构、常用词汇和表达；涉及多种语料载体，兼顾真实性和实用性；提供多种题型的练习，兼及各项听力微技能训练；除了传统的练习题型，还设计了相关实践任务。具体来说，教材体现了以下四个方面的结合：

1. 典型范文与时事材料的结合

教材所涉及的语料，既有能够体现新闻文体特点、能够架构较完整的新闻框架、有助于学生由此及彼举一反三的典型范文，又有与时俱进的时事材料，保持教学内容的时代性和新鲜感。

2. 课堂学习与课外实践的结合

教材各个板块分别有其目的和作用，每单元的四个板块中，既有适合课堂教学的精听环节，又有适合课下学习的实践环节，还有可以灵活机动处理的预听和泛听环节。除通常的听后做练习的学习形式外，特别增加了任务板块，强调课外实践，如根据任务指令查找某类或某条新闻，还有模仿记者采访学生等。

3. 多种语料形式的结合

教材听力语料有对话、电视视频、广播录音等多种形式，使学生有机会接触到多种语料载体，适应各种收听收看新闻的环境。

4. 综合型听力训练与听力微技能训练的结合

教材设置了多种练习题型，如听后判断正误、选择正确答案、填空 / 填表、回答问题、概括大意、完成句子、模仿造句、语段排序、听后复述、讨论等形式。既有综合型听力训练，又有多项听力微技能训练，要求学生在短时间内完成对新闻内容的识别、提取、复制、存储、猜测、加工，并掌握相关语言要素。

使用建议

教材可使用 1 ～ 2 学期，建议周课时为 2 ～ 4 学时。

教师可根据课时量和教学对象的水平灵活使用教材。通常我们建议精听环节（第二板块）在课堂上进行；预听环节（第一板块）和泛听环节（第三板块）可以机动处理，例如对课时较少、水平较高的学生，预听环节可在课堂外完成；实践环节（第四板块）一定要求在课外完成，起到的是实践的作用，充分实现“用中学”的教学理念，而对实践完成情况的检查、评价，则可以根据情况自行选择时间和方式。

编写分工

上、下册相同。

第 11 课、第 12 课：李建成

第 13 课、第 14 课：高蕊

第 15 课、第 16 课：钱亮亮

小测验（三）、第 17 课：李靖华

第 18 课、小测验（四）：刘畅

第 19 课、第 20 课：文瑛

目 录

11 流行语与社会

不少国家会在年末评选年度热点词语，盘点大家一年的生活。流行语里有辛酸、有幸福、有无奈、有期待……流行语不仅仅是一种语言现象，同时也是社会发展变化的"晴雨表"。

预听 流行语——社会发展变化的"晴雨表"

11-1

年度热词盘点活动是一项什么样的活动？举行这样的活动有什么意义？"正能量""中国梦"等流行语为什么会受到大家的欢迎？带着这些问题，央视网记者采访了语言学家李教授。请听录音《流行语——社会发展变化的"晴雨表"》。

生词

11-2

1	年度	niándù	（名）	year
2	盘点	pándiǎn	（动）	to check, to make an inventory
3	机构	jīgòu	（名）	organization, institution
4	评选	píngxuǎn	（动）	to select, to choose through public appraisal
5	生态	shēngtài	（名）	ecology
6	岂（不是）	qǐ(búshì)		Would (n't) it be...?

7	编年史	biānniánshǐ		annals, chronicle
8	晴雨表	qíngyǔbiǎo	（名）	barometer
9	赞	zàn	（动）	to give the thumbs up
10	富强	fùqiáng	（形）	prosperous and powerful
11	复兴	fùxīng	（动）	to rejuvenate, to revitalize
12	共鸣	gòngmíng	（动）	to resonate

专有名词

1	央视网	Yāngshìwǎng	CCTV.com, the official website of China Central Television
2	国家语言资源监测与研究中心	Guójiā Yǔyán Zīyuán Jiāncè yǔ Yánjiū Zhōngxīn	National Language Resources Monitoring and Research Center
3	商务印书馆	Shāngwù Yìnshūguǎn	The Commercial Press

语言点

1 由……（联合）主办

这是由国家语言资源监测与研究中心、商务印书馆、央视网等机构联合主办的一项热点词语评选活动。

“由……联合主办”指某个会议、项目、比赛等活动由多个组织、单位共同举办。除了“主办”，还有“协办”和“承办”，“主办”是直接发起、主持某项活动，“协办”是在过程中提供协助或赞助，“承办”是根据主办方的要求进行具体实施。例如：

（1）这次演出活动是由葡萄牙东方基金会和中国国际文化协会联合主办的。

（2）本次大赛由中国广告协会、中央电视台联合主办，广东省花都市人民政府协办，花都市超越传播公司承办。

2 岂不是

那年度热词盘点活动岂不是相当于流行词语的编年史？

“岂不是”用在反问句中，相当于“难道不是”。例如：

（1）如果把消费仅仅理解为简单的物物交换，那我们岂不是又回到了原始社会？

（2）起先他只是觉得那些孩子挺可惜的，如果能把他们拉到正道上来，岂不是为社会做了件好事？

3 在一定程度上

每年都会有不同的流行词语出现，它们在一定程度上反映了社会的发展变化。

“程度”是一个连续的层级，“在一定程度上”表示在这个范围内的某一个层级上，也说“在某种程度上”，都表示不太确定的程度。例如：

（1）教练能够在一定程度上提高这个球队的水平，但关键还要看球员的能力。

（2）两千多年后，由于科学家们使用了新的方法，这个问题才在一定程度上得到了解决。

4 位居……之首

“正能量”位居 2012 年十大流行语之首。

“位居……之首”指处于第一的位置，排在最前面。例如：

（1）该公司经济效益连续 7 年位居同行业之首。

（2）龙井茶属绿茶类，有“绿茶皇后”的美誉，位居中国“十大名茶”之首。

5 划入……一族

其实“最美”“赞”也可以划入“正能量”一族，它们都反映了中国人对真善美的追求。

“……一族 / 类”指某一类人或事物，比如“丁克一族”“单身一族”。“划入……一族”指把人或事物归为一类，“划入”也可说“列入”。例如：

（1）结婚七年了，他们仍然没有要孩子的打算，自然就被大学同学们列入了丁克一族。

（2）根据每月的收支情况，我们完全可以把他划入“月光”一族。

练　习

一、听第一遍录音，判断正误。 11-3

1.（　　）　2.（　　）　3.（　　）　4.（　　）
5.（　　）　6.（　　）　7.（　　）　8.（　　）

二、听第二遍录音，选择下列哪项是李教授的观点。

李教授认为	（ ）	A. 年度热词盘点活动能够真实地反映社会热点。
	（ ）	B. 流行词语在一定程度上反映了社会的发展变化。
	（ ）	C. 年度热词盘点活动应由多家机构轮流主办。
	（ ）	D. 2012 年“中国梦”最受中国人欢迎。
	（ ）	E. “最美”“赞”也可以划入“正能量”一族。

三、讨论。

录音中提到，流行语是社会心态和发展状况的“晴雨表”，流行语能够在一定程度上反映社会的发展变化，你同意这种看法吗？你怎么看待流行语和社会的关系？

精听 汉语盘点 2013

扫一扫看新闻

我们已经知道汉语盘点活动由哪些机构主办、有什么特点、它为什么被称为流行词语的“编年史”。那么，年度热词是如何评选出来的？有哪些词曾经入选呢？请看新闻《汉语盘点 2013》。

生 词 11-4

1	霾	mái	（名）	haze, smog

2	土豪	tǔháo	（名）	*tuhao*, nouveau riche
3	喜大普奔	xǐ dà pǔ bēn		to be so happy about something. that one wants to tell everyone else about it
4	展示	zhǎnshì	（动）	to show, to exhibit
5	图景	tújǐng	（名）	prospect, picture
6	登录	dēnglù	（动）	to log in
7	推介	tuījiè	（动）	to recommend, to introduce
8	推选	tuīxuǎn	（动）	to elect, to choose
9	力求	lìqiú	（动）	to strive to
10	宅	zhái	（动）	to stay at home without getting out
11	雷	léi	（动）	to shock
12	给力	gěilì	（形）	awesome
13	山寨	shānzhài	（形）	knockoff, cheap copy
14	纠结	jiūjié	（动）	to be indecisive, to be torn

新闻常用表达

1 一年一度

一年一度的“汉语盘点 2013”昨天在北京启动。

“一年一度”表示一年一次。可用来修饰节庆、活动、会议、比赛等。例如：

（1）一年一度的春节马上就要来临了。

（2）12 月 7 日，一年一度的 CCTV“感动中国”人物评选活动再度拉开大幕。

2 即日起至……

即日起至 12 月 7 号，网友可登录央视网主页或微博 @ 汉语盘点 2013，推介“描述 2013 中国和世界”的一个字、一个词，同时说明推荐的具体理由。

“即日起至……”指从说话或发文当天开始到某一时间点的一段时间。前面常用“从、自、于”等表示时间的开始，后面常跟时间词或时间短语，时间词语后面可再跟“截止、结束”等词语表示时间的结束。例如：

（1）从即日起至 10 月 31 日，本店将开展店庆特价酬宾和赠送礼品活动。
（2）评选报名从即日起至明年 2 月底截止，明年 5 月公布评选结果。

练习

一、看第一遍新闻，判断正误。 11-5

1.（　　）　2.（　　）　3.（　　）　4.（　　）　5.（　　）
6.（　　）　7.（　　）　8.（　　）　9.（　　）　10.（　　）

二、看第二遍新闻，选择正确答案。 11-6

1. A. 央视网
   B. 商务印书馆
   C. 中央电视台
   D. 国家语言资源监测与研究中心
2. A. 网友推荐
   B. 专家评点
   C. 网络投票
   D. 校园调查
3. A. 电话
   B. 微博
   C. 邮件
   D. 短信
4. A. 前六位
   B. 前七位
   C. 前十位
   D. 前二十位
5. A. 2006 年
   B. 2008 年
   C. 2012 年
   D. 2013 年
6. A. 雷
   B. 纠结
   C. 给力
   D. 喜大普奔

三、给下列句子排序。

（　）	A. 流行语与社会文化有着相当大的关联。
（　）	B. 经济社会发展越快，流行语的出现和更替也就越频繁。
（　）	C. 流行语之所以能够流行，是因为它也迎合了当今社会生活的快节奏，同时不断推陈出新、高速能产，这也成为了流行语生命力旺盛的一个重要原因。
（　）	D. 流行语总是紧随时代发展的步伐，将现实生活中正在发生和发展的事件或正在兴起的事物，用生动的词语反映出来，丰富人们的口头用语。

四、看第三遍新闻，根据下列提示简述新闻要点。

年度热词评选活动由……	国家语言资源监测与研究中心　商务印书馆　央视网
活动分为……	网友推荐　专家评点　网络投票
……至 12 月 7 号，……	央视网主页　微博 @ 汉语盘点 2013　推介　同时　具体理由
网民推荐结束后，……	主办方　专家评委　获选词　投票

泛听　2012 年十大流行语发布

11-7

2012 年有哪些流行语最受欢迎？这些流行语是怎么产生的？为什么受到大家的欢迎？这背后反映了什么问题？请听录音《2012 年十大流行语发布》。

专有名词

11-8

吴菊萍	Wú Júpíng	Wu Juping, name of a person

新闻常用表达

1 上至……，下至……

“正能量”绝对是13亿国人最爱的词语之一，使用者上至国家元首，下至平民百姓。

“上至……，下至……”表示地位、职务、年龄、时间等方面的从高到低、从大到小、从远到近，表示范围很大，后面可与“都”连用。例如：

（1）这次展览会共展出了上至唐朝下至当代的上百件文物。

（2）上至八十岁的老人下至四五岁的孩子都像过节一样喜气洋洋。

2 贴上……标签

当下，中国人为所有积极健康的、给人力量的人和事，贴上“正能量”标签。

“标签”本来是指贴在或系在物品上，标明品名、用途、价格等的纸片。这里“贴上……标签”是指使人或事物带上某种标志、标记。例如：

（1）现在有的人弄不清楚文化与非文化、反文化的区别，竟然把这些“文化垃圾”贴上了“文化”的标签。

（2）对于身边的人急于在自己的身上贴上各种各样标签的行为我感到很困惑。

3 不再满足于……，（而）……

一个“赞”字，包含了赞美、赞同、赞叹等众多情绪，显示出国人已经不再满足于“围观”，而开始变得爱憎分明了。

“不再满足于”表示目前的情况已经不能满足某种需求，开始有更高的目标和追求。例如：

（1）人们已不再满足于吃饱、吃好，而是开始追求吃得营养和科学。

（2）随着生活水平的不断提高，人们在社会交往中已不再满足于用纯物质的东西来表情达意，他们在寻找更新更好的方法。

练习

一、听第一遍录音，根据新闻内容连线。

有了新兴用法，对人的美称	正能量	最受中国人喜爱
找对象有优势	最美	上海话里有相似的意思
健康乐观、积极向上	赞	对美好婚恋的羡慕
表示“好”的意思	高富帅	感动中国的新力量

二、听第二遍录音，选择正确答案。 11-9

1. A. 中国梦
   B. 正能量
   C. 舌尖上
   D. 接地气
2. A. 最美、赞
   B. 高富帅、白富美
   C. 接地气、舌尖上
   D. 喜大普奔、给力
3. A. 北京、天津
   B. 广东、广西
   C. 上海、浙江
   D. 成都、重庆
4. A. 金钱
   B. 真善美
   C. 好的职业
   D. 漂亮的外表
5. A. 赞
   B. 最美
   C. 舌尖上
   D. 正能量
6. A. 让人无奈
   B. 让人寻找好的味道
   C. 值得让人找好吃的
   D. 值得让人好好思考

三、听第三遍录音，根据新闻内容填空。

在 2012 年十大流行语中，"正能量"位居榜首。使用者________国家元首，________平民百姓。当下，中国人为所有积极健康的、给人力量的人和事，________"正能量"________。2012 年十大流行语中，"最美"和"赞"都可以被________"正能量"________。层出不穷的"最美"背后，反映的是________________________。"赞"这个词先是在________上流行，然后________传统媒体。"高富帅"和"白富美"受到大家的欢迎，反映了人们对________________________、对理想生活的向往和对平凡现实的自我解嘲。

实践 流行语发布会

新闻速递

将班上同学进行分组，请每组同学提前收集有关流行语发布方面的新闻报道，可以是中国的或者是自己国家的，大家认真观看，共同讨论，然后用新闻报道的形式将主要内容进行汇总、记录，每组选择一名代表在班上报告。要报道的主要内容如下：

标题：＿＿＿＿＿＿＿＿

新闻提纲

流行语发布年份：＿＿＿＿＿＿＿＿＿＿＿＿＿＿＿＿

排名前五位的流行语：＿＿＿＿＿＿＿＿＿＿＿＿＿＿

每个流行语的意义：＿＿＿＿＿＿＿＿＿＿＿＿＿＿＿

＿＿＿＿＿＿＿＿＿＿＿＿＿＿＿＿＿＿＿＿＿＿＿＿

每个流行语的用法：＿＿＿＿＿＿＿＿＿＿＿＿＿＿＿

＿＿＿＿＿＿＿＿＿＿＿＿＿＿＿＿＿＿＿＿＿＿＿＿

流行的原因（背后的故事、由来）：＿＿＿＿＿＿＿＿＿

＿＿＿＿＿＿＿＿＿＿＿＿＿＿＿＿＿＿＿＿＿＿＿＿

新闻来源：＿＿＿＿＿＿＿＿＿＿＿＿＿＿＿＿＿＿＿

12 心动不如行动

旅游是一种有益的休闲方式，旅游可以放松心情、增长见识、了解不同地区的风土人情。但是，如果仅仅只是为了购物的话，可能就会错过美丽的风景。

预听　要不咱们出去旅游吧　12-1

你喜欢旅游吗？旅游有哪些好处？你觉得出去旅游时购物重要吗？请听录音《要不咱们出去旅游吧》。

生词　12-2

1	超越	chāoyuè	（动）	to transcend, to surpass
2	不菲	bùfěi	（形）	high (price, value)
3	火爆	huǒbào	（形）	hot, flourishing
4	出手	chūshǒu	（动）	to pay, to spend
5	阔绰	kuòchuò	（形）	generous, liberal with money
6	高端	gāoduān	（形）	high-end

7	化妆品	huàzhuāngpǐn	（名）	cosmetics
8	奢侈品	shēchǐpǐn	（名）	luxury
9	购买	gòumǎi	（动）	to buy, to purchase
10	风土人情	fēngtǔ-rénqíng		local conditions and customs
11	无可厚非	wúkěhòufēi		understandable, beyond reproach
12	理性	lǐxìng	（形）	rational, reasonable
13	商榷	shāngquè	（动）	to discuss
14	划算	huásuàn	（形）	cost-effective
15	沿途	yántú	（名）	along the road

语言点

1 无可厚非

买一些纪念品无可厚非，可是不理性的消费就值得商榷了。

“无可厚非”是指做的事情不能算错，不必过分地加以责备。例如：

（1）应当说，选举本无可厚非，但有时却变成了有钱人的政治游戏。

（2）年轻人玩儿电脑游戏来放松自己是无可厚非的，但有些人熬夜打游戏就不合适了。

2 值得商榷

买一些纪念品无可厚非，可是不理性的消费就值得商榷了。

“商榷”意思是商量、讨论，“值得商榷”常用于书面语中，是一种比较正式的表达方式，往往表示不同意某种观点或者委婉地提出批评。例如：

（1）这场比赛，主教练刚过半场就把核心球员替换下场的做法值得商榷。

（2）这种观点表面上看似乎很有说服力，实际上是值得商榷的。

3 心动不如行动

心动不如行动，咱们考完试就去吧。

“心动不如行动”意思是心里想到不如用行动去追求。例如：

（1）心动不如行动，想到不如做到。

（2）心动不如行动，只有理想和计划而不付出行动，目标就很难实现。

练　习

一、听第一遍录音，判断正误。 12-3

1.(　　)　2.(　　)　3.(　　)　4.(　　)　5.(　　)

6.(　　)　7.(　　)　8.(　　)　9.(　　)　10.(　　)

二、听第二遍录音，选择下列哪项是女的的观点。

女的认为	(　)	A. 中国人的海外消费能力很强。
	(　)	B. 中国人出国旅游花费不多。
	(　)	C. 出国旅游为当地做出了很大贡献。
	(　)	D. 外出旅游，购物并不是主要目的。
	(　)	E. 坐火车去旅游更好，可以看沿途的风景。

三、讨论。

有的人认为旅游可以开阔眼界、增长见识、放松身心、增强体质、亲近自然，而有的人则认为旅游只是拍照和购物，除了浪费时间和金钱之外没有别的好处。对于上述不同观点，你是怎么看的？

精听　中国人过年，全世界赚钱

扫一扫看新闻

随着人们经济水平提高，越来越多的人选择出境游。中国人强大的消费能力引起了人们的惊呼，各国也纷纷采取措施吸引中国游客。请看新闻《中国人过年，全世界赚钱》。

生　词

12-4

1	爆满	bàomǎn	（动）	to be filled to capacity
2	惊呼	jīng hū		to exclaim
3	扩充	kuòchōng	（动）	to expand, to increase
4	精品游	jīngpǐn yóu		boutique tour
5	促销	cùxiāo	（动）	to promote (sales)
6	战略	zhànlüè	（名）	strategy
7	日前	rìqián	（名）	a few days ago
8	援引	yuányǐn	（动）	to cite, to quote
9	人士	rénshì	（名）	person
10	签署	qiānshǔ	（动）	to sign
11	协议	xiéyì	（名）	agreement, protocol
12	路演	lùyǎn	（名）	roadshow
13	势头	shìtou	（名）	tendency
14	客源	kèyuán	（名）	customers, passenger source

专有名词

1	共同社	Gòngtóng Shè	Kyodo News Agency
2	温哥华	Wēngēhuá	Vancouver, a Canadian city
3	南非	Nánfēi	South Africa
4	内政部	Nèizhèngbù	Department of Home Affairs

新闻常用表达

1 打……牌

为了吸引更多中国游客前往，今年很多旅游目的地国都打出特色牌。

“打……牌”这里指把某一方面、某个事物作为吸引人的工具、特点，还可以说“主打 / 大打……牌”。例如：

（1）这部电影主打爱情和亲情牌。

（2）为了吸引顾客，各家商场都大打促销牌和服务牌。

2 ……以……

根据韩国媒体报道，韩国今年将会扩充酒店等住宿设施以有针对性地吸引中国人。

这里“以”也可以用“以便”来替代，表示目的，相当于“为了”，多用于书面语中。例如：

（1）师傅们正在认真检查车辆以保证行车安全。

（2）各大厂家积极研发新的 4G 手机以获得更大的商机。

3 得益于……

今年春节，百名中国游客将会到加拿大来吃年夜饭，这得益于去年两国签署的《以加拿大为旅游目的地的协议》。

“得益于”表示在某方面或者从某方面得到好处。例如：

（1）去年全省国税收入的平稳增长首先得益于广东经济持续快速增长。

（2）三十多年来，中国经济持续发展，人民生活日益改善，这得益于国家实行的改革开放政策。

练习

一、看第一遍新闻，画出并替换句子中与你听到的不一样的词。

1. 根据韩国媒体报道，韩国今年将会扩建酒店等住宿设施以有针对性地吸引中国人。（　　）

2. 韩国旅游当局还计划开发针对中国人的精品游、韩流观光游和发行自由行游客的专用指南等销售战略。（　　）

3. 日本共同社日前引用政府消息人士的话说："政府已经基本决定向中国个人来日游客发放在有效期之内可以反复使用的多次往返签证。" （ ）
4. 今年春节，百名中国游客将会到加拿大来吃年夜饭，这得益于去年两国签订的《以加拿大为旅游目的地的协议》。 （ ）
5. 根据南非内政部的报告显示，中国已经成为南非在亚洲游客市场中增长最快的国家之一。 （ ）

二、看第二遍新闻，根据新闻内容连线。

韩国	在冬奥胜地推出年夜饭服务
日本	在中国举行媒体路演活动
南非	扩建住宿设施、推出促销战略
加拿大	发放多次往返签证

三、用所给句式和词语模仿造句。

1. 随着2011年春节的日益临近，中国各大旅行社的出境游线路十分地火爆，很多热门线路提前爆满，春节日益成为各国越来越不能忽视的节日。

↓

随着……　日益成为……　越来越……

经济的发展　出行的舒适性　私人汽车　不可缺少　交通工具

____

____

____

2. 根据南非内政部的报告显示，中国已经成为南非在亚洲客源市场中增长最快的国家之一。

↓

根据……报告 / 数据显示　成为 / 是……最……之一

国家旅游局　中国　亚洲　受欢迎　旅游目的地

____

____

____

根据……报告 / 数据显示　成为 / 是……最……之一

有关部门　统计　我国　降水量　地区

____

____

____

四、看第三遍新闻，根据下列提示简述新闻要点。

随着 2011 年春节的日益临近，中国各大旅行社的出境游线路……	火爆　热门　日益成为
每逢春节黄金周，出境游的中国游客……	出手　购买　引起……惊呼
为了吸引更多中国游客前往，很多旅游目的地国……	韩国　日本　加拿大　南非

泛听　冬游西藏，享受阳光

12-5

很多人以为冬季西藏天气冷、含氧量低，并不适合旅游。那么，事实情况是怎么样的呢？请听录音《冬游西藏，享受阳光》。

专有名词 12-6

布达拉宫	Bùdálā Gōng	the Potala Palace (in Lhasa, Tibet)

新闻常用表达

1 在……范围……

从2007年开始，西藏自治区旅游局在全国范围推广“冬游西藏，享受阳光”的宣传促销活动，冬季进藏游客持续增加。

“在……范围”表示在一定的范围内。例如：

（1）我国从1956年开始在全国范围内划定自然保护区。

（2）使用电磁炉时，在直径3米的范围内不要放电视机、收音机和录像机。

2 突破……大关

根据统计，2012年西藏总共接待游客突破千万人次大关。

“大关”比喻不容易达到或超过的标准，“突破……大关”表示达到或超过了这一标准，常用来指超过了某一数字。例如：

（1）美国人口调查局的数据显示，全球人口在2012年3月12日突破了70亿大关。

（2）统计显示，中国人境外旅游消费今年首次突破了1000亿美元大关。

3 和……同期相比，……

根据统计，2012年西藏总共接待游客突破千万人次大关，和2011年同期相比，增长了47.8%。

“和……同期相比”表示和同一时期的某方面的数据进行对比，可简单说“同比”，后面常用“增加、增长、减少、降低”等词语。例如：

（1）统计显示，2003年1月至11月全国共生产汽车180.62万辆，和去年同期相比，增长了81.4%。

（2）8月实际使用外资仅为33.2亿美元，同比下降28.28%。

练　习

一、听第一遍录音，选择正确答案。 12-7

1. A. 凉爽
   B. 温暖
   C. 气温低
   D. 含氧量高
2. A. 2 月
   B. 10 月
   C. 12 月
   D. 10 月到第二年 2 月
3. A. 天气炎热
   B. 一票难求
   C. 可以经历藏历新年
   D. 可以去更多景点
4. A. 2007 年
   B. 2011 年
   C. 2012 年
   D. 2013 年
5. A. 64%
   B. 47.8%
   C. 17%
   D. 179.26 万
6. A. 不要坐飞机
   B. 带上保暖服装
   C. 准备好太阳镜
   D. 减少高强度的运动

二、听第二遍录音，根据新闻内容填空。

由西藏自治区旅游局主办的 2013 年“冬游西藏，享受阳光”旅游推介会________在北京举行。受到传统观念的________，很多人以为冬季西藏含氧量和气温都很低，并不________旅游。其实拉萨夏季和冬季的空气含氧量________，冬季气温低主要是指________，白天温度并不低。冬季来西藏旅游有很多________活动，还能亲历藏历新年等许多________浓厚________的传统节日，所以更________、更适合。

三、听第三遍录音，填写数字。

拉萨冬季 空气含氧量	拉萨冬季 白天温度	2012 年西藏 总共接待游客人次	2012 年冬季 赴藏游客人次

实践　出门看看

新闻速递

将班上同学进行分组，请每组同学提前收集有关中国人出境游或者外国人来中国旅游的相关新闻。大家认真观看，共同讨论，然后用新闻报道的形式将主要内容进行汇总、记录，每组选择一名代表在班上报告。要报道的主要内容如下：

标题：________________

新闻提纲

出境游游客情况：________________

旅游目的地：________________

旅游目的：________________

吃穿住用行：________________

消费情况：________________

____

新闻来源：________________

13 国际合作

当今世界，国际合作的程度不断加深，高层外交的方式也不断变化，除了传统外交和常规外交，也出现了休闲外交，外交形式越来越丰富了。

预听 “一带一路” 13-1

起源于西汉的丝绸之路打开了东西方文化交流的大门。2013年，中国提出了“一带一路”的倡议，得到了很多国家和国际组织的积极响应和支持，“一带一路”的朋友圈正在逐步扩大。

生词 13-2

1	高峰	gāofēng	（名）	summit
2	论坛	lùntán	（名）	forum
3	焦点	jiāodiǎn	（名）	focus
4	镜头	jìngtóu	（名）	camera lens
5	话筒	huàtǒng	（名）	microphone
6	主场	zhǔchǎng	（名）	home court

7	推动	tuī dòng	（动）	to promote
8	规格	guīgé	（名）	specification, standard
9	级别	jíbié	（名）	rank, level
10	元首	yuánshǒu	（名）	ruler, head of a state
11	首脑	shǒunǎo	（名）	head, chief
12	秘书长	mìshūzhǎng	（名）	secretary general
13	史无前例	shǐwúqiánlì		unprecedented (in history)

专有名词

1	雁栖湖	Yànqī Hú	Yanqi Lake, a lake in Beijing
2	联合国	Liánhéguó	the United Nations
3	红十字国际委员会	Hóngshízì Guójì Wěiyuánhuì	International Committee of the Red Cross

语言点

1 成为……焦点

因为“一带一路”高峰论坛，雁栖湖国际会议中心这几天已经成为了世界的焦点。

“成为……焦点”指某事或某人成为引人注意的集中点。例如：

（1）随着两会临近，能源改革成为市场关注的焦点。

（2）冬奥会主火炬尚未点燃，索契的外交舞台已经熙熙攘攘，中国毫无悬念成为焦点。

2 将……对准……

各国的媒体记者都将镜头、话筒对准了这里。

“将……对准……”用来说明某些东西受到关注，在新闻报道中经常说“将镜头/视角/目光/焦点对准……”。例如：

（1）《冰雪奇缘》没有将视角对准传统的王子公主的爱情，而是聚焦于姐妹情。

（2）进入2018年，多家基金公司不约而同地将目光对准了养老基金。

3 史无前例

人还真多，看来这个高峰论坛的规格的确是史无前例的。

"史无前例"表示历史上从来没有过，该事件的发生应是第一次。例如：

（1）据了解，哈尔滨市今年拨款近千万元用于推动中小学开展各种冰雪活动，力度之大史无前例。

（2）新的一年，古典音乐风潮在广州愈演愈烈，真是史无前例。

练　习

一、听第一遍录音，判断正误。 13-3

1.（　　）　2.（　　）　3.（　　）　4.（　　）

5.（　　）　6.（　　）　7.（　　）　8.（　　）

二、听第二遍录音，填空。

这次"一带一路"高峰论坛的论坛活动，主要包括________、________和________三个部分。

三、讨论。

"一带一路"高峰论坛闭幕后，举行了新闻发布会。作为一名电视台的记者，小李去参加了新闻发布会，在会上小李向参会的俄罗斯总统普京和联合国秘书长古特雷斯各提了一个问题，会后小李撰写了一份新闻稿。如果你是小李，你会在发布会上提出怎样的问题？新闻稿的提纲会如何编写呢？

问题：

1. 尊敬的普京总统，请就____________谈谈您的看法。

2. 尊敬的古特雷斯秘书长，您对____________有怎样的期待呢？

提纲：

时间：

地点：

内容（细节）：

精听 “一带一路”高峰论坛

扫一扫看新闻

中国提出“一带一路”国际合作已经三年多了，2017年在北京第一次召开“一带一路”国际合作高峰论坛，这次论坛都有什么特点呢？请看新闻《“一带一路”高峰论坛》。

生 词 13-4

1	倡议	chàngyì	（名）	proposal
2	丰硕	fēngshuò	（形）	plentiful and substantial
3	奠定	diàndìng	（动）	to establish
4	涵盖	hángài	（动）	to cover
5	探讨	tàntǎo	（动）	to discuss
6	惯例	guànlì	（名）	convention
7	例外	lìwài	（动）	be an exception
8	关注	guānzhù	（动）	to pay close attention to
9	透露	tòulù	（动）	to say, to disclose, to reveal
10	深度	shēndù	（形）	deep
11	聚焦	jùjiāo	（动）	to focus

新闻常用表达

1 就……签署协议

中方已与 40 多个国家和国际组织就共建“一带一路”签署了合作协议。

新闻报道中常用“就……签署协议”来说明国家之间、国际组织之间或者公司之间等同意签署某个方面的协议。有时也会说“就……达成共识，签署协议”。例如：

（1）智利是首个与中国建交的南美国家，是首个就中国加入世贸组织与中国签署双边协议的拉美国家，数十年来与中国一直保持着非常良好的关系。

（2）2016 年 5 月，中国同联合国正式就设立和平与发展基金签署协议。

（3）发布会上，金花科技与金立通信就开展基于人工智能芯片嵌入的手机产业应用方案达成共识，签署合作协议。

2 是……一大看点

阵容强大的与会嘉宾是本次高峰论坛的一大看点。

“是……的一大看点”经常用于新闻报道中，指某人或某事是某个活动或某个事件最重要的一个方面，经常用于影视剧或体育比赛的报道。例如：

（1）在行程安排上，除了经贸合作、区域稳定等大事，两国元首之间的互动也是一大看点。

（2）从预告里可以看出，多场紧张激烈的枪战场景是影片的一大看点。

（3）两支球队本土球员之间的对决是今天比赛的一大看点。

3 是……关注的重点

中国将如何通过“一带一路”建设进一步开展国际合作，这是国际社会对本次论坛关注的一个重点。

“是……关注的重点”通常用于新闻报道中，指对相关事件或人物最关心的一个方面。例如：

（1）沙特国王此次访问俄罗斯，两国之间经贸、能源领域的合作，是人们关注的重点。

（2）孩子的性格、健康、学习态度和安全是所有家长关注的重点。

4 以……的形式

论坛将以“1+6”的形式举行一场高级别全体会议和六场平行主题会议。

“以……的形式”经常用于新闻报道中，说明采取什么样的形式来开展或推广某一活动。例如：

（1）以国家公祭的形式来祭奠在惨案中死难的国民，目前已成为国际惯例。

（2）“戏曲进校园”系列活动近日在湖南长沙启动。戏曲以动漫的形式走进课堂，300名小学、幼儿园教师通过名家授课、融入动漫元素等形式进行了戏曲素养的培训。

练习

一、看第一遍新闻，选择正确答案。 13-5

1. A. 一年多
   B. 两年多
   C. 三年多
   D. 四年多
2. A. 十多个
   B. 五十多个
   C. 一百多个
   D. 还未公布
3. A. 双边会谈
   B. 多边会谈
   C. 圆桌会议
   D. 新闻发布会
4. A. 本次高峰论坛的规格
   B. 当前世界经济如何复苏
   C. 中国与有关国家合作的时间
   D. 中国将如何进一步开展国际合作
5. A. 五场
   B. 六场
   C. 七场
   D. 八场
6. A. 基础设施
   B. 经贸合作
   C. 人文交流
   D. 智库交流

二、看第二遍新闻，将下列句子按正确顺序排列。

（ ）	A. 目前已得到世界上100多个国家和国际组织的响应和支持。
（ ）	B. “一带一路”已经从中国倡议变成全球共识，并进入全球行动的阶段。
（ ）	C. “一带一路”倡议提出三年多来，取得了丰硕的早期收获。
（ ）	D. 中方已与40多个国家和国际组织就共建“一带一路”签署了合作协议。

三、用所给句式和词语模仿造句。

1. 阵容强大的与会嘉宾是本次高峰论坛的一大看点。出席论坛活动的除29位国家元首和政府首脑、多位国际组织负责人，还有130多个国家的约1500名各界贵宾。

2017 亚太经合组织领导人会议周开幕 大力推动互联互通 本次 APEC 会议	→	是……的一大看点 ______ ______ ______ ______ ______

2. 论坛议程安排透露出对于如何开展深度合作的一些考量，除了领导人参与的圆桌峰会，论坛将以“1+6”的形式举行一场高级别全体会议和六场平行主题会议。

《B 超神探》日前在民族文化宫上演 传统戏剧 讲述贾立群大夫的感人事迹	→	以……的形式 ______ ______ ______ ______ ______

四、看第三遍新闻，根据下列提示简述新闻要点。

“一带一路”倡议提出……，取得……，目前……	三年多　收获　100 多个国家和国际组织 40 多个　共建　签署
在这个时间节点，……	高峰论坛　经验　未来　基础 阵容强大　嘉宾　看点
按照国际会议惯例，……	东道国　参会外国领导人　双边会谈 探讨　例外
中国将如何通过“一带一路”建设进一步开展国际合作，……	关注　重点 圆桌峰会　“1+6”高级别会议　平行主题会议

泛听　外交也休闲

13-6

近年来，休闲外交因其人性化、个性化的形式以及轻松愉悦的氛围，越来越受到国际社会的欢迎。请听录音《外交也休闲》。

专有名词

13-7

1	亚太经合组织（APEC）	Yà-Tài Jīnghé Zǔzhī	Asia-Pacific Economic Cooperation
2	巴厘岛	Bālí Dǎo	Bali, an island
3	苏西洛	Sūxīluò	Susilo, former President of Indonesia
4	怀柔	Huáiróu	Huairou, a district in Beijing
5	伊斯兰	Yīsīlán	Islam; Islamic

新闻常用表达

1 非正式会议

2013年10月7日，亚太经合组织第二十一次领导人非正式会议在印尼巴厘岛举行。

“非正式会议”与“正式会议”相对，指与会领导人不是正式出访某个国家，不进行正式会谈。例如：

（1）世界贸易组织下任总干事最后一轮遴选将于5月1日至7日进行。遴选小组计划于8日召开总理事会非正式会议，向成员通报结果。

（2）东盟外长非正式会议 18 日在缅甸结束，会议对一些地区热点问题进行了讨论。

2 作为……最具影响力的……

作为亚太地区最具影响力的经济合作官方论坛，APEC 会议的选址很有讲究。

“作为……最具影响力的……”用于新闻报道中，明确某个组织、机构、活动的重要性。例如：

（1）作为国内公益慈善领域最具影响力的年度盛会之一，中国公益节旨在弘扬现代公益精神，引导健康的公益文化。

（2）谷歌作为全球最具影响力的科技企业之一，其拥有一个名为“Google X”的秘密实验室，即便谷歌员工也很少有人知道它的存在。

3 受到……质疑

近几年，北京的环境问题受到了质疑。

“受到……质疑”表示针对某人、某物某些方面的不足或缺陷，公众提出了疑问。例如：

（1）电视真人秀节目一直受到许多质疑，尤其是一些节目制作方在真人秀中设计不合理的内容，影响观众的人生观。

（2）根据学校的通知，放假期间食堂和浴室的开放时间大幅缩短，这一安排受到了师生的质疑。

练 习

一、听第一遍录音，回答问题。

1. 亚太经合组织第二十一次领导人非正式会议在哪个国家举行？

____

2. 近几年 APEC 会址一般选择怎样的地方？

____

3. 近几年北京因为什么问题受到质疑？

____

4. 北京的清真小吃为什么会非常适合 APEC 会议的参会者？

____

二、听第二遍录音，判断正误。 13-8

1.（ ） 2.（ ） 3.（ ） 4.（ ）
5.（ ） 6.（ ） 7.（ ） 8.（ ）

三、听第三遍录音，填空。

在亚太经合组织第二十一次领导人非正式会议上，俄罗斯总统普京收到了以下的生日礼物：
印尼总统苏西洛____________________
在场的其他领导人____________________

实践　政治家的友谊

新闻速递

也许每个国家都有自己的休闲外交胜地，本国元首在这里与他国元首进行会晤，建立了良好的私人关系。课后 4 ～ 6 人一组，每人搜集一条与此有关的新闻，组内汇总后，选出不同内容的 4 ～ 6 条，每条 2 ～ 3 分钟。由两名同学担任新闻播报人，在课堂上播报。

标题：____________

新闻提纲

____
____
____
____
____

新闻来源：____________________

14 气候恶化

近几年我们面临着许多极端天气灾害的困扰，各种极端天气的发生几率越来越高。全球气候恶化让人忧虑。

预听　赶走雾霾，呼唤蓝天　14-1

这是一个周末的早晨，也是一个雾霾笼罩看不到蓝天的早晨，我们的生活会受到怎样的影响呢？请听录音《赶走雾霾，呼唤蓝天》。

生　词　14-2

1	懒虫	lǎnchóng	（名）	lazy person, lazybones
2	难得	nándé	（形）	hard to come by, rare
3	发布	fābù	（动）	to issue, to announce, to release
4	预警	yùjǐng	（动）	early warning

5	席卷	xíjuǎn	（动）	to sweep, to overwhelm
6	灰蒙蒙	huīméngméng	（形）	dusky, gloomy
7	连环	liánhuán	（形）	chain, series
8	死亡	sǐwáng	（动）	to die
9	滞留	zhìliú	（动）	to be detained, to be held up
10	海滨	hǎibīn	（名）	seashore, seaside
11	不可思议	bùkě-sīyì		incredible, inconceivable, unimaginable
12	节气	jiéqì	（名）	solar term

专有名词

中央气象台	Zhōngyāng Qìxiàng Tái	National Meteorological Center of CMA

语言点

1 发布……预警

中央气象台昨天已经发布大雾黄色预警和霾黄色预警了。

“发布……预警”用于新闻报道中，指政府部门或相关机构在某事件发生前发布警告，提醒公众注意，要提醒的事件多为恶性事件。例如：

（1）据悉，春运期间超九成的客流集中在公路上，道路交通事故易发多发。为此，公安部交通管理局14日发布春运交通安全预警。

（2）云南省气象台于3月20日发布干旱橙色预警，预计未来七天，丽江等地区无明显降水，干旱现象将持续。

2 被……席卷

这次的雾霾天不仅持续的时间长，范围也特别大，整个中东部，几乎半个中国都被雾霾席卷了。

“被……席卷”强调覆盖范围非常广泛，其主动句式“席卷……”更为常用。例如：

（1）火灾现场，千余平方米厂房被大火席卷，厂房内不时发出“噼里啪啦”的响声。

（2）暴风雪席卷美国，3000 架次航班取消，联邦政府关门，部分地区学校停课。

3 让人不可思议

连青岛这样的海滨城市也有了雾霾，真让人不可思议。

“让人不可思议”，表示某事件异于我们的常识，让人无法想像，不能理解。也可以说“令人不可思议”。例如：

（1）天津女排今日出战广东，但决赛场地仍没有确定，让人不可思议。

（2）近日，本市的环保宣传站正式开张了。令人不可思议的是，这里的很多装饰都是废物再利用做成的，比如废旧皮包做成的花盆、废弃的一次性水杯做成的墙饰、轮胎做成的雅座。

练　习

一、听第一遍录音，选择正确答案。　14-3

1. A. 今天会结束
   B. 已经连续四五天了
   C. 中央气象台发布预警
   D. 几乎半个中国被席卷
2. A. 蓝色
   B. 黄色
   C. 橙色
   D. 红色
3. A. 两辆车相撞
   B. 没有人员死亡
   C. 地点在上海高速路上
   D. 以上都对
4. A. 雾霾很严重
   B. 天空灰蒙蒙的
   C. 很多航班被取消
   D. 连青岛也有了雾霾
5. A. 没有刮风
   B. 雨水太少
   C. 马上就是大雪节气了
   D. 今年冬天一直没有下雪
6. A. 三级
   B. 六级
   C. 五六级
   D. 四五级

二、听第二遍录音，填写数字。

早间新闻报道：上海高速路上发生交通事故，____辆车连环相撞，____辆车严重受损，____人死亡。

三、讨论。

假设在你居住的城市里，已经连续三天出现雾霾天气，而且气象台发布预警，这种重度污染将持续一周的时间。在这灰蒙蒙的环境里，你会有怎样的感受？为了改善我们的环境，你觉得我们应该做些什么？

自己的感受	我们的行动
身体	政府
心情	个人
……	……

精听　美国中部冰雪天气持续

扫一扫看新闻

美国遭遇近20年来的最严寒天气，严寒带来的暴风雪席卷美国，这种冰雪天气给人们的生活造成了怎样的影响呢？请看新闻《美国中部冰雪天气持续》。

生词　14-4

1	寒流	hánliú	（名）	cold current
2	被迫	bèipò	（动）	to be compelled, to be forced, to be constrained

3	冰点	bīngdiǎn	（名）	freezing point, ice point
4	电力	diànlì	（名）	electric power
5	供应	gōngyìng	（动）	to supply
6	中断	zhōngduàn	（动）	to interrupt
7	预计	yùjì	（动）	to estimate, to predict
8	架次	jiàcì	（量）	(*a measure word for flights*) sortie
9	警告	jǐnggào	（动）	to warn, to alert
10	寒潮	háncháo	（名）	cold wave
11	或许	huòxǔ	（副）	perhaps, maybe
12	发电机	fādiànjī	（名）	electric generator, dynamo
13	股	gǔ	（量）	*a measure word for air*

专有名词

1	德克萨斯州	Dékèsàsī Zhōu	Texas, a state in the USA
2	俄亥俄州	Éhài'é Zhōu	Ohio, a state in the USA
3	田纳西州	Tiánnàxī Zhōu	Tennessee, a state in the USA
4	美联社	Měilián Shè	Associated Press
5	达拉斯沃斯堡国际机场	Dálāsī Wòsībǎo Guójì Jīchǎng	Dallas/Fort Worth International Airpor
6	孟菲斯市	Mèngfēisī Shì	Memphis, a city in Tennessee
7	俄克拉荷马州	Ékèlāhémǎ Zhōu	Oklahoma, a state in the USA
8	阿酷	Ākù	a weather station
9	弗吉尼亚州	Fújíníyà Zhōu	Virginia, a state in the USA
10	缅因州	Miǎnyīn Zhōu	Maine, a state in the USA

新闻常用表达

1 ……预计

气象部门预计，整个周末这种天气都将会持续。

“预计”经常用于新闻报道中，说明相关机构或组织在事件发生前做出的推测。例如：

（1）此前，世界黄金协会预计今年中国将超过印度成为全球最大黄金消费国，但新的数据显示这一预期在去年已成为事实。

（2）据说，北京语言大学预计在今年完成餐饮楼和宿舍楼的升级改造。

2 截至……

截至7号早晨，德克萨斯州达拉斯地区有11.7万户家庭失去了电力供应。

新闻报道的时效性强，经常用“截至……”句式来指明所报道内容的截止时间。例如：

（1）据阳朔县旅游局、假日办统计，截至2月6日，阳朔今年春节黄金周共接待游客24.5万人次，同比增长7.5%。

（2）截至发稿时，贵州已有64个县（市、区）有小到中雪，有12个县（市、区）有暴雪。

3 原（本）定于……

原本定于8号举行的达拉斯马拉松赛也被迫取消。

某活动因故取消或延迟，常用“原（本）定于……”句式来说明该活动此前确定的时间地点。例如：

（1）原定于21时飞往上海浦东的HX234航班，因上海浦东机场实施空管，航班需延误起飞。

（2）济南市一小学将原本定于早晨8点举行的开学典礼，改到9点40分的课间活动时间。为了减轻大雾对学生的影响，整个开学典礼只用了15分钟便结束了。

4 造成至少……，其中包括……

另据俄克拉荷马州政府发布的消息，暴风雪已经造成了至少两人死亡，其中包括一名五岁的男孩。

在对灾难、事故等进行报道时，常用“造成至少……，其中包括……”句式对灾难、事故等所造成的伤亡情况进行描述。“造成至少”也可说“至少造成”。例如：

（1）据巴基斯坦媒体报道，南部信德省 15 日发生一起校车和卡车相撞的交通事故，至少造成 25 人丧生，其中包括 21 名学生。

（2）据外电报道，美国海军证实，当地时间 16 日上午 8 点 20 分左右，华盛顿海军造船厂一栋建筑内发生枪击案，造成至少 10 人受伤，其中包括 1 名警察。

练　习

一、看第一遍新闻，判断正误。

14-5

1.（　　）　2.（　　）　3.（　　）　4.（　　）

5.（　　）　6.（　　）　7.（　　）　8.（　　）

二、看第二遍新闻，画出并替换句子中与你听到的不一样的词。

1. 寒流带来的雨加雪、强降雪和大风导致多地道路结冰、学校停课、社会活动被迫取消，气温也是降到了零度以下。（　　）
2. 冰雪天气还造成电力供应停止，并且严重影响到了交通，数百万人受到了影响。（　　）
3. 据美联社报道，到 7 号早晨，德克萨斯州达拉斯地区有 11.7 万户家庭失去了电力供应。（　　）
4. 据美国阿酷气象公司估计，从弗吉尼亚州向北直到缅因州地区，将会出现雨加雪和大范围降雪天气。（　　）

三、给下列句子排序。

（　）	A. 降雪区域主要集中在昆明、丽江、大理等州市，全省有 51 个县站出现降雪或雨夹雪天气。
（　）	B. 从 12 月 13 日开始，云南出现大范围的低温雨雪天气。
（　）	C. 12 月 16 日，昆明降雪还在持续，昆明机场一度临时性关闭。
（　）	D. 冰雪灾害对民航、公路、铁路、电力、通讯等都造成了不同程度的影响。

四、看第三遍新闻，根据下列提示简述新闻要点。

席卷美国多个地区的冰雪天气仍在持续，……	雨加雪、强降雪和大风　结冰　停课　社会活动　气温　电力供应　交通　电力　中断　影响　交通
据美联社报道，……	7号早晨　11.7万户家庭　超过350架次航班　超过3300名旅客　达拉斯马拉松
在田纳西州的孟菲斯市，……	超过3000人　当地政府　警告　当地居民　抢购　发电机　汽车
另据俄克拉荷马州政府发布的消息，……	两人死亡　五岁的男孩　气象部门　强冷空气　8号到9号

泛听　伦敦摘掉“雾都”帽　14-6

伦敦曾经被称为“雾都”，今天的伦敦已摘掉“雾都”帽。伦敦治理污染的经验会给我们什么启示呢？请听录音《伦敦摘掉“雾都”帽》。

专有名词　14-7

1	弗兰克·凯利	Fúlánkè · Kǎilì	Frank Kelly, name of a person
2	狄更斯	Dígēngsī	Charles Dickens, an English writer

新闻常用表达

1 有……之称

有“雾都”之称的伦敦，成功举办了号称“史上最绿色”的一届奥运会。

“有……之称”指某物或某人有个独特称号，而且这一称号是公认的。例如：

（1）2013 年 11 月 28 日凌晨，有亚洲第一之称的重庆濯水古镇风雨廊桥发生火灾，这座经历了无数风雨洗礼的廊桥被烧毁。

（2）胃癌是我国最常见的恶性肿瘤之一，在所有癌症死亡人数中占第一位，有“第一癌症”之称。

2 最……的时刻（之一）

1952 年 12 月 5 日的毒雾事件是伦敦历史上最惨痛的时刻之一。

“最……的时刻”强调事件的发生对当事方（人）的特殊性，如果类似事件发生过不止一次，就说“最……的时刻之一”。例如：

（1）对于无法出任西班牙的旗手，纳达尔也深感遗憾：“这是我职业生涯最伤心的时刻之一。”

（2）对于这家折扣连锁店来说，这起失窃发生在一年中最糟糕的时刻，因为它正在与对手们激烈争抢节日购物顾客。

3 摘掉……帽子

经过多年持续不断的治理，今天的伦敦早已摘掉了“雾都”的帽子，空气质量大为改善。

当某人或某物在某方面的缺陷消除了，新闻报道中常用“摘掉……帽子”来表达。例如：

（1）2002 年，钟小明当选村主任后，立志要干出一番事业，带领乡亲们摘掉贫穷落后的帽子，走上共同致富之路。

（2）国家发改委将加强对网购快递等新兴服务业的价格监控，摘掉“逢节必涨”的帽子。

练习

一、听第一遍录音，概括大意。

凯利 2008 年 9 月份到北京的时候，刚下飞机就觉得______________。那时北京奥运会______，北京的空气________。

就在 4 年之后，凯利所在的城市，________伦敦，成功举办了号称“史上最绿色”的一届奥运会。

伦敦的良好空气是“血的教训”换来的。1952 年的毒雾事件是伦敦历史上______________，当时那场毒雾______4000 人死亡。在那场灾难之后，英国政府想了很多办法，做了______。

二、听第二遍录音，选择正确答案。 14-8

1. A. 居住在伦敦
   B. 有一种“职业病”
   C. 是研究环境与健康的专家
   D. 对北京的空气质量很满意

2. A. 无数人呼吸困难
   B. 造成至少 4000 人死亡
   C. 交通瘫痪，数十万人受到影响
   D. 伦敦历史上最惨痛的时刻之一

3. A. 有“雾都”之称
   B. 举办了“史上最绿色”的一届奥运会
   C. 经过治理，空气质量越来越好
   D. 工业污染是目前空气质量恶化的首要因素

4. A. 1958 年颁布
   B. 禁止城市内直接燃烧煤炭
   C. 关闭伦敦所有烧煤的火电厂
   D. 对提升空气质量有正面的影响

三、听第三遍录音，根据新闻内容填空。

2008 年 9 月份，北京的空气质量还算比较好，原因是：

1. ______________
2. ______________

实践 拯救地球

新闻速递

近年来，气候恶化，极端天气频繁出现，世界各国都在为保护环境、防止气候恶化而努力。课后 4 ～ 6 人一组，每人搜集 1 条与此有关的新闻，组内汇总后，选出不同内容的 4 ～ 6 条，每条 2 ～ 3 分钟。由两名同学担任新闻播报人，在课堂上播报。

标题：＿＿＿＿＿＿＿＿＿＿

新闻提纲

＿＿＿＿＿＿＿＿＿＿＿＿＿＿＿＿＿＿＿＿＿＿＿＿＿＿＿＿＿＿

＿＿＿＿＿＿＿＿＿＿＿＿＿＿＿＿＿＿＿＿＿＿＿＿＿＿＿＿＿＿

＿＿＿＿＿＿＿＿＿＿＿＿＿＿＿＿＿＿＿＿＿＿＿＿＿＿＿＿＿＿

＿＿＿＿＿＿＿＿＿＿＿＿＿＿＿＿＿＿＿＿＿＿＿＿＿＿＿＿＿＿

＿＿＿＿＿＿＿＿＿＿＿＿＿＿＿＿＿＿＿＿＿＿＿＿＿＿＿＿＿＿

新闻来源：＿＿＿＿＿＿＿＿＿＿＿＿＿＿＿＿＿＿＿＿＿＿＿＿

15 私人定制

在物质生活极其丰富的时代，人们不会只满足于单一的消费模式。越来越多的人开始表达独特的需求，“私人定制”也应运而生。

预听　在哪儿买衣服

15-1

如果你想买衣服，你会去哪儿买？在如今这个信息科技高速发展的时代，越来越多的人选择在网上买衣服。请听录音《在哪儿买衣服》。

生　词

15-2

1	余地	yúdì	（名）	leeway, room
2	一目了然	yímù-liǎorán		to be clear at a glance
3	裁剪	cáijiǎn	（动）	to cut (paper, cloth) into a certain shape, to tailor
4	定制	dìng zhì		to customize
5	腰围	yāowéi	（名）	waistline
6	款式	kuǎnshì	（名）	style, design

7	人性化	rénxìnghuà	（动）	to be humanized, to be people-oriented
8	随心所欲	suíxīnsuǒyù		to do as one wishes
9	下摆	xiàbǎi	（名）	the lower hem of a gown, jacket or skirt

语言点

1 怎么个……法

怎么个定制法?

“法”是办法的意思。“怎么个……法”用来询问做某件事的方式方法。例如：

（1）明天元宵节，你打算怎么个过法？

（2）经济普查究竟怎么个查法？

2 直到……为止

如果不满意，你还可以要求他修改，直到满意为止。

“直到……为止”指的是到某一个时间点为止，到某一个时间点结束。例如：

（1）我会一直做下去，直到干不动为止。

（2）有些人喜欢将茶叶反复冲泡，直到喝不出味道为止。

3 供……参考

在网上定制你有什么要求都可以提，客服会及时制作效果图供你参考。

“供”是“供应、供给”的意思，“参考”是指“利用相关材料了解情况”。“供……参考”这一表达形式指的是提供给某人或某团体做参考。例如：

（1）请告诉我们样本、规格和价格供我们参考。

（2）这次讲座的内容只供你们参考。

练习

一、听第一遍录音，判断正误。　15-3

1.（　　）　2.（　　）　3.（　　）　4.（　　）　5.（　　）

6.（　　）　7.（　　）　8.（　　）　9.（　　）　10.（　　）

二、听第二遍录音，根据内容回答问题。

1. 男的想买什么？

______

2. 女的认为在网上买衣服有什么好处？

______

3. 女的前两天刚买了什么？怎么买的？

______

4. 想在网上定制衣服，你应该怎么做？

______

5. 男的最后决定做什么？

______

三、参考下列词语，说说在网上买衣服的好处。

自主选择　　一目了然　　退换货　　私人定制　　供……参考　　直到……为止

精听　私人定制服装走进百姓家

扫一扫看新闻

如果说，私人定制服装在以前只是有钱人的游戏，那么现在它已经为普通人所熟悉并使用了。你了解私人定制服装吗？你想做一件融入了你自己想法的衣服吗？请看新闻《私人定制服装走进百姓家》。

生 词

15-4

1	T 台	T tái		a long stage that models walk on during a fashion show
2	档次	dàngcì	（名）	grade, level
3	炫目	xuànmù	（形）	glaring, dazzling
4	奢华	shēhuá	（形）	luxurious, extravagant
5	制高点	zhìgāodiǎn	（名）	commanding height
6	量体裁衣	liàngtǐ-cáiyī		to cut the dress according to one's figure
7	融入	róng rù		to integrate, to blend in
8	荷叶边	héyè biān		flounce
9	柔美	róuměi	（形）	morbidezza
10	独一无二	dúyī-wú'èr		unique
11	烦琐	fánsuǒ	（形）	miscellaneous, sundry
12	精雕细琢	jīngdiāo-xìzhuó		to work at something with great care
13	多元化	duōyuánhuà	（形）	diversified

专有名词

杨利	Yáng Lì	Yang Li, name of a person

新闻常用表达

1 意味着

有人说高级定制意味着奢华的制高点。

“意味着”就是“意指”，表示含有某种意义。例如：

（1）自动化意味着很多工厂的工人要失业。

（2）他的沉默意味着同意。

2 走下神坛

……，而如今定制也已走下神坛，走进了百姓的生活。

“神坛”原指祭神的高台。在现代汉语中，“神坛”多指高不可攀的位置。“走下神坛”的意思是某人或某种事物不再高不可攀，变得平民化或人性化。例如：

（1）葡萄酒走下神坛，改走亲民路线。

（2）《开心麻花》已经不再是一个小众品牌，不仅连续几年在央视春晚大放异彩，而且作为深受白领一族喜爱的话剧领军品牌，更是让话剧走下高高在上的艺术神坛，把渐渐对话剧失去兴趣的年轻人重新拉回剧场。

3 从……到……不等

价格也因面料和制作工艺的不同从几百元到上万元甚至几十万不等。

“从……到……不等”是一个固定的表达框架，用来列举不同数值。“从”后边是最低值，“到”后边是最高值。也可以说“从……至……不等”。例如：

（1）上海大舞台此次出票4000余张，票价从280元至1280元不等，其中内场座位1700余张。

（2）今天小编为大家推荐几款支持双卡双待的低价位手机，这几款手机的价格从799元到1300元不等。

练　习

一、看第一遍新闻，选择正确答案。 15-5

1. A. 一直离百姓很远
   B. 其价格不再昂贵
   C. 选择的档次不多
   D. 富人已很少定制
2. A. 是她定制的
   B. 她自己做的
   C. 价格非常贵
   D. 她刚刚买的
3. A. 客户的性格
   B. 设计师的年龄
   C. 客户的职业
   D. 面料和制作工艺
4. A. 所花的时间不同
   B. 穿着的场合不同
   C. 他人对你的评价不同
   D. 与设计师的关系不同

5. A. 艺人
B. 画家
C. 主持人
D. 设计师

6. A. 私人定制服装便宜了
B. 商场的衣服不够漂亮
C. 人们想表达自我需求
D. 设计师很难理解客户

二、看第二遍新闻，根据新闻内容填空。

我身上的这件西装就是____________________，由于是______________，大家可以看一下它的_________________，而这件西服的设计也_________________，像这个下摆就__________________，在体现职业感的同时呢____________________。

三、给下列句子排序。

(　)	A. 这一系列产品与以往不同的是：一是强调时尚，二是面向年轻消费者，三是性价比更高，可以说面向大众消费是一个很大的变化。
(　)	B. “这些产品的价位每瓶在 100 元左右，在糖酒会上将针对这些产品进行招商，希望更多的经销商来关注。”孙健说。最近的调查数据显示，在中国葡萄酒消费结构中，100 元上下的葡萄酒占据了 70% 以上的市场份额，成为市场最主流的价位。
(　)	C. 某葡萄酿酒股份有限公司副总经理孙健在接受《中国经营报》记者专访时表示，今年将推出面向中低端的 17 个系列产品。
(　)	D. 随着消费结构的变化，葡萄酒行业开始走下神坛。各厂家都推出了性价比较高的葡萄酒，目的就是让老百姓都喝得起。

四、看第三遍新闻，根据下列提示简述新闻要点。

现在私人定制服装已经走进了我们普通百姓的生活。	高级定制　奢华的制高点　如今　走进
每一件衣服都是一个艺术品……	品牌　设计师　面对面
定制服装的制作工序非常烦琐……	沟通　了解　量体裁衣　周期　价格
目前仅北京就有近 300 家的设计工作室从事服装定制业务……	面料　设计　工艺　越来越

泛听　定制体验：你要怎样旅游

15-6

你喜欢由导游为你制定所有的旅游路线，还是完全按照自己的想法安排一次旅游？请听录音《定制体验：你要怎样旅游》。

专有名词

15-7

1	《旅游法》	《Lǚyóu Fǎ》	Tourism Law
2	阿尔卑斯山	Ā'ěrbēisī Shān	Alps, a mountain range in Europe

新闻常用表达

1 洗牌

……，引发旅游市场“洗牌”。

“洗牌”在这里指老的市场格局被打破，曾经占巨大市场份额的企业失去优势，整个市场重新分配。例如：

（1）新医改引发行业洗牌，医药企业应该如何应对？

（2）团购市场经历了最初的资本热，大量团购网站鱼龙混杂，再到 2012 年迎来倒闭潮，行业“洗牌”淘汰了大批企业。

2 带着疑问

带着疑问，《信息时报》记者以普通市民身份在一个旅游俱乐部做了一次体验。

在新闻报道中，常常会用“带着疑问”引出记者的一次采访活动。还可以说“带着这些疑问”。例如：

（1）草根陈学东为什么能成为导弹技术行家？笔者带着这个疑问采访了他。

（2）既然营养成分、配料完全相同，可为啥价格差别这么多呢？带着疑问，记者致电某知名酸奶品牌。

练　习

一、听第一遍录音，概括大意。

定制旅游到底如何操作？先要填写一份“VIP 定制旅游服务需求表”，除了姓名、联系方式等常规选项，____________________。此后将有客服____________________________。定制服务的优点是____________________，而且____________。

二、听第二遍录音，选择正确答案。　15-8

1. A. 新法律的实施
   B. 旅游团队增多
   C. 旅行社的改革
   D. 旅游人数减少
2. A. 提供免费线路
   B. 招聘新导游
   C. 抬高旅游价位
   D. 提供特色服务
3. A. 徒步
   B. 开车
   C. 坐火车
   D. 坐直升机
4. A.18 岁
   B. 28 岁
   C. 48 岁
   D. 78 岁
5. A. 身体非常好
   B. 有经济基础
   C. 自我定位模糊
   D. 旅游经验较少
6. A. 写作
   B. 运动
   C. 推销和宣传
   D. 沟通和理解

三、听第三遍录音，将“VIP 定制旅游服务需求表”中会出现的项目都列出来。

VIP 定制旅游服务需求表			
姓名		联系方式	

实践　我的地盘我做主

新闻速递

电影《私人定制》里有这样一段台词：“私人定制是一份礼物，是给自己的一个如意算盘……”这个鼓励个性张扬、倡导“我的地盘我做主”的时代，为各种私人定制服务提供了滋生的土壤。请你搜集一些生活或文化领域中私人定制服务的案例，按如下要求整理成新闻稿，在上课时进行播报。

标题：________________

新闻提纲

所属领域：________________

私人定制的目的：________________

私人定制的步骤：________________

服务人群：________________

推广程度：________________

发展趋势：________________

____

新闻来源：________________

小测验（三）

一、听第一篇新闻，选择正确答案。 小测验3-1

网络流行语谁知道

1. A. 拿手的菜
   B. 常常吃的食物
   C. 喜欢讨论的事情
   D. 熟悉、喜欢的东西
2. A. 你知道的网络流行语有什么
   B. 你最喜欢去哪个网站看新闻
   C. 你上网最常做的事情是什么
   D. 你平均一天多长时间在上网
3. A. 你造吗
   B. 有钱就是任性
   C. 现在整个人都不好了
   D. 且行且珍惜
4. A. 物价很高
   B. 生活的变化
   C. 工作很辛苦
   D. 旅行很有意思
5. A. 经常使用
   B. 比较抵制
   C. 偶尔说说
   D. 完全听不懂
6. A. 漂亮
   B. 调皮
   C. 可爱
   D. 聪明
7. A. 没有意思
   B. 根本学不会
   C. 年轻人常用
   D. 来源很复杂
8. A. 缩小了原来的词义
   B. 是社会生活的晴雨表
   C. 常出现在报纸等主流媒体中
   D. 生命力不够强，很快就被忘了

二、听第二篇新闻，判断正误。 小测验3-2

元旦旅游市场调查

9.（　　）　10.（　　）　11.（　　）　12.（　　）　13.（　　）
14.（　　）　15.（　　）　16.（　　）　17.（　　）　18.（　　）

三、听第三篇新闻，选择正确答案。 小测验3-3

“私人定制”正在改变贵州茶叶传统产销模式

19. A. 贵州
    B. 四川
    C. 山西
    D. 山东
20. A. 经过加工的茶叶
    B. 刚摘下来的茶叶
    C. 春天生产的茶叶
    D. 夏秋生产的茶叶

21. A. 茶叶质量不够好
B. 茶叶附加值太多
C. 生产过程不环保
D. 品牌知名度不高

22. A. 实时视频系统
B. 自动喷药系统
C. 互联网连接装置
D. 手机自动应答系统

23. A. 边种植边寻找销路
B. 按照客户要求生产
C. 种植的茶叶按斤卖
D. 既有红茶又有绿茶

24. A. 年费
B. 管理费
C. 加工费
D. 销售费

25. A. 800 元
B. 1000 元
C. 3000 元
D. 5000 元

26. A. 价格便宜
B. 口味更佳
C. 让人放心
D. 品种丰富

四、听第四篇新闻，填空。

小测验3-4

“APEC 蓝”

亚太经合组织（APEC）北京峰会期间，北京空气清新、质量优良，给人们留下了深刻的印象，“APEC 蓝”一词（27）________。如今，“APEC 蓝”的寓意已从对（28）________而短暂事物的憧憬，变成建设“美丽中国”形象的奋斗目标。

“APEC 蓝”得益于“人努力天帮忙”，得益于超常规减排措施的全面实施，得益于全社会上下的共同（29）________。会议期间，北京市使出“浑身解数”：（30）________限行、工业企业停限产、建筑施工工地停工、职工（31）________等。

“APEC 蓝”是特殊时期内最高级别、最强力度的清洁空气行动实践。尽管停产、放假的（32）________举措不可长期持续，但减排、治污的正确（33）________要持之以恒。

正如习近平主席在 APEC 会议上所（34）________的：“北京乃至全中国，都能够蓝天常在，青山常在，绿水常在，让孩子们都生活在良好的（35）________环境之中。”（36）________，北京市将继续全力以赴地打好大气污染防治这场硬仗，持续地推进清洁空气行动计划的（37）________，通过不懈努力让短期的“APEC 蓝”变为（38）________的“常态蓝”。

五、听第五篇新闻，填空。

小测验3-5

中俄经济合作新领域

在几天前俄罗斯大使馆举行的新闻（39）________上，俄罗斯大使对色彩艳丽、口味独特的紫薯（40）________。“很遗憾，在俄罗斯几乎没有人认识紫薯，也品尝不到它的美味，不过我想我们国家还是有适合这种作物生长的地方。”他说。

借助小小的紫薯，俄罗斯大使对俄中农业合作进行了（41）________，“过去，农业在两国合作中的地位（42）________，但双方未来一定能够找到更多的项目”。

根据中俄总理会晤联合公报，双方确定在农业（43）________最有前景的合作方向，积极致力于扩大农产品贸易。俄罗斯面积辽阔、劳动力（44）________，中俄农业合作互补性强。专家认为，除传统的劳务（45）________以外，中国企业应该积极寻找商机，通过扩大对俄投资，不断提高双方农业合作水平。

同时，俄罗斯市场正吸引中国众多汽车（46）________纷纷前往淘金。继长城、力帆后，华泰汽车日前也（47）________有意在俄建厂。其中，长城汽车在图拉州的工厂将是中国汽车企业在俄首家涵盖冲压、焊装、涂装和总装等四大生产工艺的整车制造厂。项目总投资5亿美元，投产后（48）________将达15万辆整车。

（49）________，中俄还商定继续研究构建“中国（北京）至俄罗斯（莫斯科）欧亚高速运输走廊”，确保在（50）________实施的“莫斯科至喀山”高铁项目上展开全面合作。

16 变化中的世界格局

为了寻求更好的发展空间，越来越多的国家开始寻找利益伙伴，许多有共同利益和诉求的国际组织便应运而生。世界格局也因此而不断变化。

预听 “金砖五国”是什么 16-1

你了解各种国际组织吗？在合作求发展的国际社会中，国际组织显示出了越来越大的影响力。请听录音《“金砖五国”是什么》。

生 词 16-2

1	林林总总	línlínzǒngzǒng	（形）	numerous
2	疆土	jiāngtǔ	（名）	territory
3	广阔	guǎngkuò	（形）	vast
4	贫富	pín fù		rich and poor
5	不均	bù jūn		uneven
6	间歇	jiànxiē	（动）	intermission

7	财长	cáizhǎng		finance minister
8	呼吁	hūyù	（动）	to appeal, to call on
9	基于	jīyú	（介）	based on
10	和谐	héxié	（形）	harmonious
11	举足轻重	jǔzú-qīngzhòng		to play a decisive role
12	格局	géjú	（名）	pattern, situation

专有名词

1	金砖五国	Jīnzhuān Wǔ Guó	BRICS countries, i.e., Brazil, Russia, India, China and South Africa
2	金砖四国	Jīnzhuān Sì Guó	BRIC countries, i.e., Brazil, Russia, India and China
3	G20	G Èrlíng	G20, an international forum for the governments and central bank governors from 19 individual countries plus the European Union (EU)
4	金币四国	Jīnbì Sì Guó	MINT countries, i.e., Mexico, Indonesia, Nigeria and Turkey
5	薄荷四国	Bòhe Sì Guó	MINT countries, i.e., Mexico, Indonesia, Nigeria and Turkey

语言点

1 话说……

话说现在各种国际组织林林总总，想搞清楚还真不容易。

“话说”就是“说”的意思。在句首相当于一个发语词，用来提出一个话题。例如：

（1）话说这个新商场离我家就 10 分钟的路程，可我从来都没去过。

（2）话说十年前，咱们还都是毛头小伙子呢！

2 不出

不出十年，这五个国家的经济产出总量会比发达国家的经济产量之和还要多。

“不出”就是不到、不超过的意思。例如：

（1）不出一天，他就把我告诉他的秘密说给了三个人听。

（2）看到儿子远去的背影，老王知道，儿子不出半年就会回来。

3 且不说

结果如何且不说，这至少说明五国基于共同利益，已经在世界舞台上发声了。

“且”有暂时的意思，“且不说”表示的是“不用说、不提”的意思。例如：

（1）且不说养家糊口，至少得先养活自己吧。

（2）造纸业，从来就是个“水里捞钱”的行当，且不说生产一吨纸需消耗20吨以上的水，每年60亿立方米的废水排放量对环境也是不小的负担。

练 习

一、听第一遍录音，判断正误。 16-3

1.（　　）　2.（　　）　3.（　　）　4.（　　）　5.（　　）

6.（　　）　7.（　　）　8.（　　）　9.（　　）　10.（　　）

二、听第二遍录音，填写表格。

国际组织名称	国家名称
金砖四国	
金砖五国	
金币四国（薄荷四国）	

三、听第三遍录音，根据下列提示简述内容要点。

（男的）

金砖五国……；

南非加入后，就成了……；

拥有世界上40%的人口……；

共同呼吁……；

在世界舞台上……；

……肯定会发生明显的变化。

（女的）

金砖四国……；

国际组织林林总总……；

它们还有一个共同的问题……；

我也看到这条新闻了……；

金币四国……；

……举足轻重。

精听　谁是下任世行行长

扫一扫看新闻

以欧美为主导的世界金融体系已经运转了半个多世纪。它是否仍然符合当今世界的发展需求？是否有改革的声音出现呢？请看新闻《谁是下任世行行长》。

生　词

16-4

1	甄选	zhēnxuǎn	（动）	to select
2	卸任	xiè rèn	（动）	to be relieved of one's office
3	截止	jiézhǐ	（动）	to expire, to end
4	运转	yùnzhuǎn	（动）	to operate, to run
5	默契	mòqì	（名）	privity
6	绅士	shēnshì	（名）	gentleman (pl. gentlemen)
7	危机	wēijī	（名）	crisis
8	仓促	cāngcù	（形）	hasty
9	清一色	qīngyísè	（形）	uniform, homogeneous
10	青睐	qīnglài	（动）	to favour

专有名词

1	世界银行	Shìjiè Yínháng	World Bank
2	佐利克	Zuǒlìkè	Robert Zoellick, the llth president of the World Bank
3	国际货币基金组织	Guójì Huòbì Jījīn Zǔzhī	International Monetary Fund (IMF)
4	路透社	Lùtòu Shè	Reuters, an international news agency

新闻常用表达

1 按照惯例

如果是按照惯例，另一位美国人毫无疑问将接替佐利克。

“惯例”是指“一贯的做法，常规”。“按照惯例”表示根据某种一贯的做法。例如：

（1）按照惯例，这一职务的副职总是由女性担任。

（2）我意识到，按照惯例，此时我应该说一些客套话。

2 是……而非……

新兴经济体国家就希望候选人的甄选是基于能力而非国籍。

“是……而非……”也作“是……而不是……”，表示肯定前者否定后者的意思。例如：

（1）美国政府认定，比特币是资产而非货币。

（2）他做这事是为了他自己，而不是为了其他任何人。

3 日前

日前，美国已经宣布将提名新的美国候选人。

“日前”是一个约数，表示几天前的意思。在新闻报道中，常常用“日前”引出最近发生的某件事情、出现的某种新情况。例如：

（1）铁道部官员日前在新闻发布会上否认了京沪高铁将上市的传闻。

（2）路虎揽胜加长版于日前已经接受预定。据悉即将上市的新车共有三款，售价区间为 170.8 万元～288.8 万元。

练　习

一、看第一遍新闻，选择正确答案。　16-5

1. A. 马上选举新的行长
   B. 马上召开 G20 会议
   C. 世行行长不应只是美国人
   D. “金砖五国”应推选新候选人
2. A. 3 月
   B. 4 月
   C. 5 月
   D. 6 月
3. A. 金融危机的发生
   B. 上任行长的离职
   C. “金砖五国”的形成
   D. 默契协议的达成
4. A. “金砖五国”有自己的候选人
   B. 欧洲国家有自己的候选人
   C. 现任行长已推荐了候选人
   D. 媒体所罗列的都是美国人
5. A. 最近正在选新总裁
   B. 新总裁不是欧洲人
   C. 前总裁的离职引发了候选人纷争
   D. 新兴经济体国家有自己的候选人
6. A. 国籍
   B. 能力
   C. 年龄
   D. 经历

二、看第二遍新闻，根据新闻内容回答问题。

1. 目前的世界金融体系以什么为代表？

____

2. 1945 年，欧洲和美国之间达成的默契协议主要是指什么？

____

3. 这一默契协议在什么时候受到了考验？

____

4. 佐利克更倾向于由什么人担任下任行长？

____

三、用所给句式和词语改写新闻。

1. 国际货币基金组织（IMF）和世界银行春季会议将于 4 月 11 日至 13 日在华盛顿举行。以往每次春季会议前，IMF 都会发布《世界经济展望报告》，这次也不例外。4 月 8 日，IMF 在华盛顿总部发布了最新一期《世界经济展望报告》。

按照惯例

____

____

____

2. 新华社华盛顿 4 月 10 日电美国海军研究实验室经过多年研究，最近表示，他们已开发出一种利用海水所含成分合成燃油的示范性技术，并成功让一架模型飞机，并不是真实飞机起飞升空。

目前　是……而非……

____

____

____

四、讨论。

新兴经济体国家，诸如“金砖五国”，提出了打破已有金融体系的诉求，希望对世界银行和国际货币基金组织的领导人甄选流程进行改革。他们认为应废除国籍限制。请你说一说，为什么新兴经济体国家会这么呼吁？你是否支持他们？

泛听　“金砖四国”概念之父再创“金币四国”概念

16-6

国际经济环境不断变化，新的经济体国家总是在不断产生、壮大。请听录音《“金砖四国”概念之父再创“金币四国”概念》。

专有名词

16-7

1	高盛	Gāoshèng	Goldman Sachs, an American multinational finance company
2	吉姆·奥尼尔	Jímǔ · Àoní’ěr	Jim O’Neill, an economist

新闻常用表达

1 时任

2001 年末，时任高盛公司首席经济学家的吉姆·奥尼尔首次在报告中使用了“金砖四国”(BRIC)这一概念。

“时任”表示“当时任的什么职”。这个“时”就是紧接着前文中所表述的时间。例如：

（1）1988 年，小刘的外祖父时任河北省副省长。

（2）2001 年 7 月 3 日，时任国际奥委会主席萨马兰奇宣布中国北京获得 2008 年奥运会主办权。

2 以……著称

"金砖国家"以令人头晕目眩的高速经济增长、丰富的原材料资源和人口红利著称，吸引着投资者的目光。

著称，就是"著名、出名"的意思。现代汉语中总是与"以"搭配使用。例如：

（1）当地的那家酒店以餐食精美而著称。

（2）值得一提的是历来以擅长防守著称的兰斯队本赛季后防稳固程度大幅下滑，最近10场有9场出现了失球。

练习

一、听第一遍录音，根据新闻内容连线。

	2001年首次出现
	高速发展了十几年
金砖四国（金砖五国）	未来20年增长潜力大
金币四国（薄荷四国）	经济总量不那么大
	经济增长明显减速
	2011年首次出现

二、听第二遍录音，判断正误。 16-8

1.（ ）　2.（ ）　3.（ ）　4.（ ）　5.（ ）

6.（ ）　7.（ ）　8.（ ）　9.（ ）　10.（ ）

三、听第三遍录音，根据新闻内容填空。

十几年来，"金砖国家"一直吸引着投资者的目光。但近年来，"金砖国家"的发展速度受到各种________的限制，经济增长明显________。因此，很多投资者已经在________寻找其他新兴市场。吉姆·奥尼尔也在________这样的国家。他说他正________新的“金砖四国”——“金币四国”。他预计这些经济体在未来将会有不错的经济表现，并且他们的经济________较为________。

实践　国际组织大拼盘

新闻速递

按国籍分成小组，并找一个你们国家参与的国际组织。按如下提纲向全班同学介绍一下这一国际组织。

标题：____________________

新闻提纲

国际组织名称：____________________

成立时间：____________________

成立目的：____________________

____

____

参与的国家：____________________

发展趋势：____________________

对周边国家和世界的影响：____________________

____

____

新闻来源：____________________

17 国产电影的“逆袭”

在中国的电影市场中，是国产电影还是外国电影更占优势？中国在世界电影业中有什么样的影响？请听录音《中国电影和电影中国》。

预听 中国电影和电影中国

17-1

在中国的电影市场中，是国产电影还是外国电影更占优势？中国在世界电影业中有什么样的影响？请听录音《中国电影和电影中国》。

生 词

17-2

1	上映	shàngyìng	（动）	to show (a film), (of a film) to be screened
2	票房	piàofáng	（名）	box office
3	独霸	dúbà	（动）	to dominate exclusively, to monopolize
4	动辄	dòngzhé	（副）	easily, frequently
5	悬殊	xuánshū	（形）	great disparity, wide gap
6	争气	zhēng qì	（动）	to try to make a good showing, to try to win credit for, to try to bring credit to

7	逆袭	nìxí	（动）	to counterattack, to catch up with and surpass
8	厚积薄发	hòujī-bófā		to rise abruptly based on its accumulated strength
9	尴尬	gāngà	（形）	awkward, embarrassed
10	艰辛	jiānxīn	（形）	hard, arduous

专有名词

1	好莱坞	Hǎoláiwù	Hollywood
2	《中国合伙人》	《Zhōngguó Héhuǒrén》	*American Dreams in China*, a movie
3	《社交网络》	《Shèjiāo Wǎngluò》	*The Social Network*, a movie
4	《变形金刚 4》	《Biànxíng Jīngāng 4》	*Transformers 4*, a movie

语言点

1 绝不 / 绝没……

现在国产影片的票房绝不比进口影片差。

“绝不 / 绝没……”表示坚决否定，“绝”指“绝对、一定”，还可以与“无、非”等否定词搭配。例如：

（1）省长说：“我们要继续向贫困县转移，绝不能让贫困代代相传。”

（2）美元永远是第一，这绝非宇宙真理，想想英镑的历史就知道了。

2 动辄……

一些好莱坞大片动辄就有上亿的票房。

“动辄”表示很容易从事某项活动，相当于“动不动”，常带有不情愿的意味。例如：

（1）中国著名的瓷器生产地景德镇近年来一直受赝品困扰，成本一两百的仿古瓷，动辄就要价上万。

（2）在矛盾发展为不可调和之前，如果公司股东动辄向法院申请解散公司，会很难得到法院的支持。

3 固然……，但 / 不过 / 可是 / 却……

外国电影技术发达，市场成熟，固然有不少优势，但想保持其竞争力就不得不考虑中国观众的心理需求，所以越来越多的外国电影开始融入中国元素。

“固然”用于转折复句，常与“但是”“可是”“却”等搭配。表示先承认某一层意思然后转入另一层含有矛盾意味的意思。例如：

（1）电影最后能不能得奖，固然与影片质量有关，不过有时影片的宣传力度也会影响最后结果。

（2）比赛中的优胜者固然可敬，但那些虽然受伤而仍坚持跑到终点的选手，也是国家的骄傲。

练　习

一、听第一遍录音，判断正误。 17-3

1.（　　）　2.（　　）　3.（　　）　4.（　　）
5.（　　）　6.（　　）　7.（　　）　8.（　　）

二、听第二遍录音，回答问题。

1. 根据对话，现在国产电影的票房怎么样？

____

2. 根据对话，为什么《中国合伙人》的票房很好？

____

3. 根据对话，外国电影的优势是什么？要想在中国市场取得票房应该做什么？

____

三、讨论。

1. 你看过哪些中国电影？在这些电影中，哪一部给你留下了深刻的印象？为什么？

2. 调查一下最近在中国电影院热映的电影，哪些是外国的？哪些是中国的？分别选择一部评价一下。

精听　中国电影“逆袭”成功

扫一扫看新闻

看电影是现代人最重要的休闲娱乐方式之一。近年来，新的电影院如雨后春笋般在中国各地随处可见，迅速增多的大银幕使电影市场的竞争日益激烈。在这一竞争中，国产电影的表现如何？请看新闻《中国电影“逆袭”成功》。

生　词

17-4

1	一枝独秀	yìzhī-dúxiù		one branch of the tree is particularly thriving—to outshine others
2	题材	tícái	（名）	theme
3	热潮	rècháo	（名）	upsurge
4	硬件	yìngjiàn	（名）	hardware
5	助推	zhùtuī	（动）	to help boost
6	银幕	yínmù	（名）	screen
7	可观	kěguān	（形）	considerable, impressive
8	争议	zhēngyì	（动）	dispute
9	大杂烩	dàzáhuì	（名）	hodgepodge
10	欺蒙	qīméng	（动）	to deceive
11	短视	duǎnshì	（形）	short-sighted

12	唯	wéi	（副）	only, alone
13	口碑	kǒubēi	（名）	word of mouth, public praise

专有名词

1	薛晓璐	Xuē Xiǎolù	Xue Xiaolu, a movie director
2	徐峥	Xú Zhēng	Xu Zheng, a movie director

新闻常用表达

1 较（之）去年（……），……

中国国产（影片）票房达到了 68.5 亿元，力压进口影片的 41.44 亿元，较之去年进口影片一枝独秀，今年国产影片实现了一次成功的“逆袭”。

“A 较之去年（……），……”说明跟去年的某种情况相比，A 现在出现了新的情况。其中的“之”常可以省略。例如：

（1）安徽省的高考报名人数较去年增加了 1.2 万。

（2）网络商城今年春节的价格战较之去年提前了半个月。

2 以……速度……

中国电影银幕以每天 12.5 块的速度飞速增长。

“以……的速度……”说明某件事情进行的速度，常强调速度较快。例如：

（1）据报道，该公司正在以每天 10 个的速度申请专利。

（2）中国游客数量将会以每年 8% 左右的速度增长，成为推动世界旅游业发展的主要动力之一。

3 不唯……

有市场，不唯市场，重在口碑、票房双优，才是中国电影真正的出路。

“不唯……”是指不以某事作为唯一的标准，一般只用否定形式。例如：

（1）很多官员认识到改革发展要讲 GDP，但要不唯 GDP。

（2）电视台对节目的评价能不能不唯收视率？

练　习

一、看第一遍新闻，选择正确答案。 17-5

1. A. 总票房为 109.94 亿元
   B. 国产电影票房达到 68.5 亿元
   C. 国产电影票房比进口影片高
   D. 进口电影的票房非常好
2. A. 成本都很高
   B. 导演很有经验
   C. 贴近百姓生活
   D. 讲故事手法缺乏新意
3. A. 越来越年轻
   B. 越来越爱国
   C. 欣赏水平提高
   D. 收入水平在提高
4. A. 电影院
   B. 国产电影
   C. 观影人次
   D. 电影票价
5. A. 题材
   B. 价值观
   C. 上映时间
   D. 拍摄手法
6. A. 有多样化选择的
   B. 影片质量较高的
   C. 以国产电影为主的
   D. 票房和口碑双优的

二、看第二遍新闻，根据新闻内容填空。

根据相关数据，2013 年上半年中国国产电影票房达到了 68.5 亿元，________进口影片的 41.44 亿元，实现了国产影片的一次____________。

2013 年大量国产中小成本影片以________的题材、________的故事和独特的______________，创造了一个个观影热潮。这也源于新生代导演的______________，他们更了解__________________。

据统计，2013 年上半年，中国电影银幕____________________飞速增长。看电影成为很多年轻观众________________，不过，一些国产影片虽然____________，但影片所表现的价值观却____________。

一次“逆袭”不代表国产影片从此__________进口大片，一个题材火爆也不代表整个市场都____________，国产电影的____________仍需所有电影人的精心培育。

三、用所给句式和词语模仿造句。

1. 中国国产票房达到了68.5亿元，力压进口影片的41.44亿元，较之去年进口影片一枝独秀，今年国产影片实现了一次成功的“逆袭”。

   中国电影银幕以每天12.5块的速度飞速增长。

较之去年　以……速度……

来华留学生人数　今年　32万　比去年多13%　最近5年每年增长11%

______

______

______

______

2. 不过，一些国产影片虽然票房可观，但影片质量、所表现的价值观等却引发争议。

   有市场，不唯市场，重在口碑、票房双优，才是中国电影真正的出路。

……可观，但……　有……，不唯……

电视节目　收视率　质量　节目应该内容丰富、健康向上

______

______

______

______

四、看第三遍新闻，根据下列提示简述新闻要点。

2013 年上半年中国的电影票房……	国产票房 68.5 亿元　进口影片 41.44 亿元 成功“逆袭”
2013 年国产电影发力……	中小成本电影　观影热潮　新生代导演 中国电影观众平均年龄　影院硬件
中国电影银幕……	每天 12.5 块的速度　增长 30% 以上 影片质量　中国电影的出路
业内人士认为……	成熟的电影市场　多元化　理性看待 健康发展　精心培养

泛听　看电影，养龙猫

17-6

电影对人的影响很大，一个人可能会因为电影爱上一个地方，或者讨厌一类人。你听说过有人因为电影而痴迷于一种动物吗？请听录音《看电影，养龙猫》。

专有名词

17-7

1	宫崎骏	Gōngqíjùn	Hayao Miyazaki, a Japanese film director and animator
2	《龙猫》	《Lóngmāo》	*Tonari no Totoro*, a Japanese animated film

新闻常用表达

1 兼

据说一位香港的某个龙猫饲养者兼宫崎骏粉丝因为丝毛鼠笨重可爱的样子像极了电影中的龙猫，因此将其命名为“龙猫”。

“兼”表示同时具有或涉及几种事务或若干方面。新闻中常用于介绍某人的多重身份。例如：

（1）最新通知称，从3月30日起郭大明出任公司执行董事兼财务总裁。

（2）王明不但学习成绩很好，而且擅长各种体育运动，是他们班的学习委员兼体育委员。

2 不折不扣

公龙猫是不折不扣的“妻管严”。

“不折不扣”表示完全、十足的意思。例如：

（1）该节目自年初开播以来，每期节目都稳居同时段全国收视冠军宝座，堪称一匹不折不扣的综艺黑马。

（2）市长在大会上表示，今年要不折不扣地实现大气污染物的达标排放、废水达标排放。

练习

一、听第一遍录音，判断正误。 17-8

1.（　　）　2.（　　）　3.（　　）　4.（　　）

5.（　　）　6.（　　）　7.（　　）　8.（　　）

二、听第二遍录音，选择下列哪项符合张女士的情况。

张女士	（　）	从2013年开始养龙猫。
	（　）	因为喜欢看《龙猫》所以爱上养龙猫。
	（　）	给每只龙猫都起了名字。
	（　）	一直都没有工作。
	（　）	每天都给龙猫洗澡。
	（　）	对龙猫的生活习性非常了解。

三、讨论。

1. 你怎么看张女士养龙猫的行为？

观点一：无法理解。花费太大；影响了自己的生活……

观点二：可以理解。龙猫非常可爱；张女士是负责任、有爱心的人……

2. 请谈一谈对你影响最大的一部电影。

实践　电影大市场

新闻速递

课后 5 ～ 6 人一组，每人搜集 1 条有关电影的新闻，可以是电影节开幕，或者是最近电影票房情况等。组内汇总后，选出不同内容的 4 ～ 6 条，每条 2 ～ 3 分钟。由两名同学担任新闻播报人，在课堂上播报。

标题：________________

新闻提纲

____

____

____

____

____

____

新闻来源：________________________________

18 球场风云

球类运动是体育中的“大众宠儿”。足球、篮球、排球、网球、羽毛球、乒乓球，大大小小，都牵动着亿万人的心……

预听　谁是冠军

18-1

“世界杯”“欧洲杯”是全世界足球迷的节日。每当这个时候，球迷们总是不愿错过每一场比赛，并希望自己支持的队获得冠军。请听录音《谁是冠军》。

生　词

18-2

1	小组	xiǎozǔ	（名）	group
2	晋级	jìn jí	（动）	to rise in rank, to enter the next round
3	强	qiáng	（形）	strong, top
4	保守	bǎoshǒu	（形）	conservative
5	扳平	bānpíng	（动）	to equalize
6	前锋	qiánfēng	（名）	forward

7	后卫	hòuwèi	（名）	defender, fullback
8	夹击	jiājī	（动）	to make a converging attack
9	射门	shè mén	（动）	to shoot (at the goal)
10	将	jiàng	（名）	general, player
11	拼抢	pīnqiǎng	（动）	to strive for (the ball)
12	争夺	zhēngduó	（动）	to fight, to contend
13	后起之秀	hòuqǐzhīxiù		rising star
14	双料	shuāngliào	（形）	double
15	气势	qìshì	（名）	momentum, imposing manner

专有名词

1	丹麦	Dānmài	Denmark
2	克隆·德利	Kèlóng · Délì	Michael Krohn-Dehli, a Danish footballer
3	克洛泽	Kèluòzé	Miroslav Klose, a German footballer
4	穆勒	Mùlè	Thomas Müller, a German footballer

语言点

1 晋级……强

德国 2 比 1 取胜丹麦，小组赛三战全胜，晋级 8 强！

“晋级”在体育比赛中指获胜的队伍取得继续比赛的资格，常用“晋级……强”“晋级决赛”等表达。例如：

（1）两队在历史上仅有过两次交手，各取得一场胜利。这一次谁将晋级决赛？

（2）在 13 日的欧冠联赛四分之一决赛中，皇马与沙尔克 04 双双晋级四强。

2 （只要）……即（能/可）……

德国队虽然只要踢平即能出线，但在场上踢得一点儿都不保守。

“（只要）……即（能/可）……”是“只要……就（能/可）……”的书面形式。例如：

（1）法国队目前领先1分，出线形势稍好，打平即可晋级。

（2）行为心理学的研究表明，一个行为只要坚持21天即能形成习惯。

3 重演……（的）一幕

我以为要重演之前丹麦击败荷兰的一幕呢！

“重演……（的）一幕”表示类似的情况再次出现。例如：

（1）股票市场正在重演2008年年底的一幕。

（2）今天的奥运短道速滑赛场上，重演了四年前温哥华赛场上的一幕。

4 双料……

作为“世界杯”和上届“欧洲杯”双料冠军得主，西班牙队气势更强。

“双料”指人或物有两种身份或称号。例如：

（1）刚刚加盟北京的第一个赛季便夺得总冠军，孙悦也成为中国第一位拿下美国男子职业篮球联赛和中国男子篮球职业联赛双料总冠军的球员。

（2）《重庆森林》这部电影，梁朝伟一共只拍了11天，可居然凭借此片，拿到了金马、金像双料影帝。

练 习

一、听第一遍录音，选择正确答案。 18-3

1. A. 一场
   B. 两场
   C. 三场
   D. 不知道

2. A. 小组的实力很强
   B. 小组的运气很差
   C. 小组都被淘汰了
   D. 小组都没有出线

3. A. 穆勒
   B. 克洛泽
   C. 克隆·德利
   D. 一个后卫
4. A. 丹麦
   B. 荷兰
   C. 葡萄牙
   D. 西班牙
5. A. 只得过“世界杯”冠军
   B. 只得过“欧洲杯”冠军
   C. 两个冠军都得过
   D. 两个冠军都没有得过
6. A. 欧洲杯决赛
   B. 欧洲杯小组赛
   C. 世界杯决赛
   D. 世界杯小组赛

二、听第二遍录音，判断正误。 18-4

1.(　　)　2.(　　)　3.(　　)　4.(　　)
5.(　　)　6.(　　)　7.(　　)　8.(　　)

三、听第三遍录音，填写表格并根据表格介绍比赛情况。

比赛双方		丹麦	________
赛前形势		________只要________即能________	
队员	姓名	________	克洛泽
	表现		
比赛结果		______:______，____________________，________8 强	

精听　德国全胜晋级　丹麦获得尊重

扫一扫看新闻

体育比赛中，胜利者固然能够得到观众的掌声和欢呼，但付出了同样努力的失败者也值得尊敬。请看新闻《德国全胜晋级　丹麦获得尊重》。

生词

18-5

1	稳健	wěnjiàn	（形）	steady
2	禁区	jìnqū	（名）	penalty area
3	进攻	jìngōng	（动）	to attack
4	近在咫尺	jìn zài zhǐchǐ		to be close at hand
5	扑	pū	（动）	to throw oneself on
6	防守	fángshǒu	（动）	to defend
7	领先	lǐng xiān	（动）	to be in the lead
8	被动	bèidòng	（形）	passive
9	角球	jiǎoqiú	（名）	corner kick
10	蹭	cèng	（动）	to rub, to flick
11	顽强	wánqiáng	（形）	tenacious
12	钦佩	qīnpèi	（动）	to admire, to respect

专有名词

1	安德森	Āndésēn	Stephan Andersen, a Danish footballer, playing as a goalkeeper
2	戈麦斯	Gēmàisī	Mario Gómez, a German footballer
3	波多尔斯基	Bōduō'ěrsījī	Lukas Podolski, a German footballer
4	本特纳	Běntènà	Nicklas Bendtner, a Danish footballer
5	诺伊尔	Nuòyī'ěr	Manuel Neuer, a German footballer, playing as a goalkeeper
6	布尔森	Bù'ěrsēn	Jakob Poulsen, a Danish footballer
7	本德	Běndé	Lars Bender, a German footballer

新闻常用表达

1 ……完成 / 组织……进攻

开场 10 分钟内，他们就在对方的禁区内完成了三次有威胁的进攻。

体育用语中常借用源于军事的词语，如“禁区”“……完成 / 组织……进攻”“城池告破”等。例如：

（1）在篮球场上，如何组织进攻？

（2）沃尔在对方防守还未准备好的情况下完成了上篮，只用了 6 秒钟就完成了一次进攻。

2 A 比 B 领先 / 落后、战成 A 比 B、将比分锁定在 A 比 B

德国队 1 比 0 领先。

半场两队战成 1 比 1 平。

体育新闻中有多种表达方式可以说明比分，如“A比B领先/落后”“战成A比B”“将比分锁定在 A 比 B”等。例如：

（1）下半时第 34 分钟，恒大率先攻入一球，1 比 0 领先。

（2）主场作战的巴塞罗那最终将比分锁定在 5 比 1。

3 易地再战 / 易边再战

易地再战 / 易边再战，丹麦队险些超出比分。

很多球类比赛需要比赛双方交换进攻方向，除了“交换场地”外，还可用“易地再战”或“易边再战”来表述。例如：

（1）易边再战，北京国安队逐渐找到了进攻的感觉。

（2）第三节开始，双方易地再战，姚明继续在场下休息。

练　习

一、看第一遍新闻，将球员名字填入对应球队。

a. 穆勒　　b. 安德森　　c. 戈麦斯　　d. 波多尔斯基　　e. 本特纳

f. 克隆 · 德利　　g. 诺伊尔　　h. 布尔森　　i. 克洛泽　　j. 本德

德国队：____

丹麦队：____

二、看第二遍新闻，选择正确答案。 18-6

1. A. 赢球
   B. 输球
   C. 踢平
   D. 无所谓
2. A. 德国队
   B. 丹麦队
   C. 两队差不多
   D. 新闻中没有提到
3. A. 第 7 分钟
   B. 第 10 分钟
   C. 第 18 分钟
   D. 第 74 分钟
4. A. 穆勒
   B. 安德森
   C. 诺伊尔
   D. 克隆·德利
5. A. 上半场
   B. 下半场
   C. 上下半场都有
   D. 新闻中没有提到
6. A. 实力不够
   B. 表现不好
   C. 球迷不支持
   D. 所在的小组太强

三、给下列句子排序。

（　）	A. 两场半决赛，巴洛特利和拉莫斯分别是意大利和西班牙表现最为出色的球员。由于场上位置的特殊性，巴洛特利和拉莫斯不出意外都将出现在决赛的首发阵容中，两人的正面交锋将不可避免。
（　）	B. 欧洲杯决赛在即，意大利与西班牙继小组赛首轮以 1 比 1 战平 21 天之后，在决赛中再度相逢。
（　）	C. 此外，在本届欧洲杯中，巴神已经打入 3 球，若能在决赛中有所斩获，巴神将获得金靴奖。
（　）	D. 从 1988 年开始，欧洲杯每隔 8 年，决战对阵的两个对手就是同一小组的两只球队，这条定律似乎一直未被打破。

四、讨论。

你认为影响体育比赛结果的因素有哪些？什么是最重要的？

内部因素：技术________________________________

　　　　　心理________________________________

____

外部因素：场地________________________________

____

泛听　"羽林争霸"为何这样火

18-7

羽毛球可能是中国最普及的体育项目之一。"羽林争霸"这一城市羽毛球团体比赛受到了广泛的关注。请听录音《"羽林争霸"为何这样火》。

专有名词

18-8

1	灵隐寺	Língyǐn Sì	Lingyin Temple
2	青海省羽毛球协会	Qīnghǎi Shěng Yǔmáoqiú Xiéhuì	Qinghai Badminton Association
3	中国羽协	Zhōngguó Yǔxié	Chinese Badminton Association

新闻常用表达

1 凭借……得以……

业余赛事完全可以凭借市场运作得以生存、发展和壮大。

“凭借……得以……”表示依靠某种方式、手段或媒介达到某种目的。例如：

（1）“科技改变生活”这句话不仅仅只是一个口号，如今，许多新兴企业凭借高科技使传统商业模式得以更替。

（2）查尔斯是否能够凭借多年的经验，带领球队压倒对手得以晋级，还需要今晚的比赛予以检验。

2 （在）……之余

寺内有10多位师父在日常礼佛之余，把羽毛球当作自己健身的一项运动。

“（在）……之余”指做某事的空闲当中做另外一件事。例如：

（1）小学推出30门选修课，孩子们可在正课之余培养兴趣爱好。

（2）工作之余还应注意锻炼身体。

3 ……，根本（的）原因在于……

“羽林争霸”赛能创造举办212站的空前纪录，根本的原因在于羽毛球运动在中国的普及度越来越高，具有广泛的群众基础。

“……，根本（的）原因在于……”用以揭示缘由。例如：

（1）这个孩子学习成绩不理想的根本原因是上课不专心听讲。

（2）中医认为人们生病的根本原因在于人体内部的平衡被破坏。

4 从……扩展到……

“羽毛球热”已经从北上广等一线城市扩展到县区。

“从……扩展到……”表示事物的发展态势。例如：

（1）我们的销售已经从网店扩展到实体店。

（2）现根据相关领导、学者和观众的建议，摄制组决定将纪录片《百年巨匠》的人物从12位扩展到40位。

练　习

一、听第一遍录音，根据新闻内容连线。

灵隐寺带队大师	比赛火爆的原因在于羽毛球运动的普及度
青海省羽毛球协会秘书长	寺里有世界上离佛最近的羽毛球馆
业内人士	比赛推动了青海羽毛球活动的普及
中国羽协有关负责人	从 2007 年开始参赛人数有很大变化

二、听第二遍录音，选择正确答案。　18-9

1. A. 2010 年
   B. 2011 年
   C. 2012 年
   D. 2013 年
2. A. 灵隐寺位于青海
   B. 寺里建有羽毛球馆
   C. 寺里有专业运动员
   D. 僧人们有的进了国家队
3. A. 10 人
   B. 32 人
   C. 212 人
   D. 近 400 人
4. A. 比赛非常精彩
   B. 羽协组织得很好
   C. 羽毛球运动的普及
   D. 有国家羽毛球队参赛
5. A. 北京
   B. 上海
   C. 广州
   D. 青海
6. A. 在全国范围内举行
   B. 在城市范围内举行
   C. 由专业运动员参赛
   D. 运动员都以个人身份参赛

三、听第三遍录音，根据新闻内容填空。

2013 年“羽林争霸”城市羽毛球团体赛________激战当中。这项比赛的发展表明，业余赛事完全可以________市场运作________生存、发展和壮大。

在杭州赛区众多的“________”高手中，出现了一支来自杭州灵隐寺的僧人羽毛球队。“寺内有 10 多位师父________日常礼佛________，把羽毛球当作自己健身的一项运动。”

在人们印象里较为________的青海省，“羽林争霸”赛同样吸引了众多羽毛球爱好者的参与，________了青海羽毛球活动的普及。

业内人士分析，“羽林争霸”赛能创造举办 212 站的空前纪录，________________羽毛球运动在中国的普及度越来越高，具有广泛的群众基础。

调查显示，中国羽毛球和乒乓球运动的日常参与率排在所有运动项目前列，“羽毛球热”已经________北上广等一线城市________县区。

实践　我为球狂

新闻速递

课后 5～6 人一组，每人搜集一条有关最近一次大型球类比赛的新闻，组内汇总后，选出不同内容的 4～6 条，每条 2～3 分钟。由两名同学担任新闻播报人，在课堂上播报。

标题：________________

新闻提纲

时间：________________

地点：________________

项目：________________

结果：________________

赛况：________________

____

新闻来源：________________

19 神奇海洋

海底世界长久以来一直吸引着人们进行不断的探索，有关海底奥秘的话题也总是经久不衰。而近年来深海潜水器制造技术的发展，更是大大推动了对这片与世隔绝地带研究和探索的进程。

预听　奇妙的海底生灵　19-1

海底世界一直给人一种神秘的感觉，“蛟龙号”在2013年带回的海底生物影像，更是引起了普通民众极大的兴趣。请听录音《奇妙的海底生灵》。

生词　19-2

1	潜水器	qiánshuǐqì		submersible
2	下潜	xià qián		to dive
3	海域	hǎiyù	（名）	sea area
4	尚未	shàng wèi		not yet
5	机不可失	jībùkěshī		such a chance must not be missed

6	千载难逢	qiānzǎi-nánféng		to occur only once in a thousand years—to be very rare
7	配备	pèibèi	（动）	to equip
8	拍摄	pāishè	（动）	to shoot, to take (a picture)
9	装备	zhuāngbèi	（名）	equipment
10	分辨率	fēnbiànlǜ		resolution ratio
11	鉴定	jiàndìng	（动）	to authenticate
12	海沟	hǎigōu	（名）	(oceanic) trench

专有名词

1	蛟龙号	Jiāolóng Hào	Jiaolong, a Chinese deep-sea manned submersible
2	东太平洋	Dōng Tàipíngyáng	the eastern Pacific Ocean
3	马里亚纳海沟	Mǎlǐyànà Hǎigōu	Mariana Trench
4	《国家地理》	《Guójiā Dìlǐ》	*National Geographic*, the official magazine of the National Geographic Society based in the USA

语言点

1 收获颇丰

这么说来收获颇丰呢！

“收获颇丰”表示收获、得到的东西很多、很丰富。例如：

（1）该公司去年在东部地区土地市场收获颇丰，土地成交额高达48亿。

（2）在本次大奖赛中，中国代表队收获颇丰，多个项目都拿到了奖牌。

2 尚未

除了看到以前见过的以外，还看到了很多以前尚未发现的生物。

“尚未”表示至今未曾，还没有。例如：

（1）欧冠决赛尚未开始，网络上的口水战就已经沸沸扬扬。

（2）公司负责人称将对产品价格进行调整，但具体时间尚未确定。

练　习

一、听第一遍录音，选择正确答案。 19-3

1. A. 第一次
   B. 第二次
   C. 第三次
   D. 第四次
2. A. 发现了新物种
   B. 配备了良好的拍摄装备
   C. 已经完成对带回资料的鉴定
   D. 每几平方米就能看到一种生物
3. A. 对这片海域比较陌生
   B. 十年前开始研究海底生物
   C. 曾经驾驶单人潜水器下潜
   D. 看到了很多以前没有发现的海底生物
4. A. 设备先进
   B. 在海平面观察
   C. 到达海沟底部
   D. 在新的海域进行研究
5. A. 深海潜水器
   B. 单人深潜器
   C. 载人深海潜水器
   D. 载人深海科学考察船
6. A. 发现新物种
   B. 近距离看到海洋生物
   C. 下潜到海洋的最深处
   D. 拍到很多有意思的海洋生物

二、听第二遍录音，画出并替换句子中与你听到的不一样的词。

1. 跟着一起下潜的专家说，他早在十年前就开始在那片区域研究海底生物了，这次下去，除了看到以前见过的以外，还看到了很多以前尚未发现的生物。（　　）
2. 机不可失嘛！能下潜到这么深的海底的机会可是千年难遇。（　　）
3. 更何况“蛟龙号”配备的拍摄装备，画面清晰度很高，他们完全可以回来以后慢慢对着资料鉴定。（　　）

三、听第三遍录音，选择下列哪项是男的说过的内容。

男的说过	（　）	A. 这次“蛟龙号”下潜拍到很多以前没拍到过的生物。
	（　）	B. 随潜专家十年看到的还没有这一次多。
	（　）	C. 专家已经完成了对所拍到生物的鉴定。
	（　）	D. 普通人也可以潜到海洋深处。

精听 “蛟龙号”首次拍到深海奇异生物

扫一扫看新闻

占地球总面积四分之三的海洋，孕育着无数的奇异生物，每每令见到的人惊叹不已。请看新闻《“蛟龙号”首次拍到深海奇异生物》。

生词

19-4

1	开展	kāizhǎn	（动）	to carry out
2	奇异	qíyì	（形）	rare, strange
3	生灵	shēnglíng	（名）	creature
4	翩然起舞	piānrán qǐwǔ		to dance trippingly
5	外形	wàixíng	（名）	shape, appearance
6	面具	miànjù	（名）	mask
7	形态	xíngtài	（名）	form
8	海参	hǎishēn	（名）	sea cucumber
9	海绵	hǎimián	（名）	sponge
10	大开眼界	dàkāi yǎnjiè		to greatly widen one’s horizon
11	大洋	dàyáng	（名）	ocean

12	巨型	jùxíng		giant
13	勘探	kāntàn	（动）	to prospect, to explore

专有名词

东太平洋多金属结核区	Dōng Tàipíngyáng Duō Jīnshǔ Jiéhéqū	polymetallic-nodule region in the eastern Pacific Ocean

新闻常用表达

1 第一时间……进行……

随团的科学家也第一时间对这些珍贵的视频资料进行了记录和整理。

新闻中常用“第一时间……进行……”表示以最快的速度做某事。例如：

（1）事件发生后，我台记者在第一时间对相关人员进行了采访。

（2）我市两家医院在第一时间组织医疗队赴灾区进行救治工作。

2 开展……调查

他曾在这一海域开展过 10 多年的大洋调查。

新闻报道中常用“开展……调查”来说明进行调查、研究的范围、时间等。例如：

（1）科学家对手机辐射会不会影响人类健康的问题开展了长达 11 年的追踪调查。

（2）卫生部将在近期对海产品的质量安全问题开展全国性调查。

3 对……有……价值

这些珍贵视频资料，对进一步研究深海生物有重要价值。

在新闻报道中，常用“对……有……价值”表示某事物在某方面的意义、地位。例如：

（1）专家称这一古书的发现对于研究历史具有重要史料价值。

（2）这次出土的石碑，对研究清代书法很有参考价值。

练习

一、看第一遍新闻，判断正误。

19-5

1.（　　）　2.（　　）　3.（　　）　4.（　　）

5.（　　）　6.（　　）　7.（　　）　8.（　　）

二、看第二遍新闻，根据新闻内容填空。

这就是“蛟龙号”拍摄到的深海奇异生物。这个小家伙，长着两只圆圆的耳朵，在5000多米深的海底______________，它是______________。

透明的海参随流飘动，雪白的海绵______________，奇异的深海生物，让科学家王春生______________。

王春生是“蛟龙号”5000米的______________，过去，他曾在这一海域________________________。虽然通过专用设备，从海面上也观察到一些海底生物，但是，坐着“蛟龙”______________看生物还是让他______________。

由于传统视频资料______________低，在他看过100多个小时金属结核勘探合同区的视频资料里，大概______________，才能发现一个______________。

三、用所给句式和词语模仿造句。

“蛟龙号”在东太平洋多金属结核区开展第二次下潜的时候，第一次拍摄到了大量的深海奇异生物。这些珍贵视频资料，对进一步研究深海生物有重要价值。随团的科学家也第一时间对这些珍贵的视频资料进行了记录和整理。

1. 对……有……价值　第一时间

新发现的古代文献资料　民俗　历史　历史学家　记录和整理

____

____

____

2. 对……有……价值　第一时间

这篇报道　研究世界最新经济形势　很多专家　翻译和分析

____

____

____

四、看第三遍新闻，根据下列提示简述新闻要点。

“蛟龙号”在东太平洋第二次下潜时	拍摄　随团的科学家　第一时间
随潜科学家	曾在这一海域　大洋调查　专用设备 乘坐“蛟龙号”　看到　还看到了
“蛟龙号”拍摄的视频资料	优势　分辨率　对……有重要价值 第一时间　记录

泛听　“天河二号”稳坐世界最快计算机交椅

19-6

在现代大数据时代下，超级计算机已不仅仅应用于科学研究，它早已经渗透到大众生活的各个领域，因此，它的性能也就显得格外重要。请听录音《“天河二号”稳坐世界最快计算机交椅》。

专有名词 19-7

1	天河二号	Tiānhé Èrhào	Tianhe-2, a Chinese supercomputer
2	中国国防科技大学	Zhōngguó Guófáng Kējì Dàxué	National University of Defense Technology (China)
3	泰坦	Tàitǎn	Titan, an American supercomputer
4	天河一号	Tiānhé Yīhào	Tianhe-1, a Chinese supercomputer

新闻常用表达

1 稳坐……交椅

"天河二号"稳坐世界最快计算机交椅。

新闻报道中常用"稳坐……交椅"表示所处的状态或地位非常稳定。例如：

（1）从交易数据上来看，该公司产品连续数月稳坐头把交椅。

（2）公司净利润增长84%，稳坐行业头把交椅。

2 占主导地位

尽管中国超级计算机位居榜首，但美国仍占总榜单的主导地位。

"占主导地位"表示处于主要地位并起引导作用。例如：

（1）该品牌手机以63%的市场份额，在中国占据绝对主导地位。

（2）报告称，到2050年，石油和煤炭仍将是最重要的能源形式，在能源供应中占主导地位。

练　习

一、听第一遍录音，选择正确答案。 19-8

1. A. 第1次
   B. 第2次
   C. 第3次
   D. 第4次

2. A. 102个
   B. 115个
   C. 265个
   D. 275个

3. A. 运算速度
B. 应用基础
C. 适用范围
D. 有效运算速度

4. A. 每年公布一次
B. 于 1993 年开始发布
C. 将要改变排名方式
D. 欧洲占据总榜单第 2 位

5. A. 美国、中国、日本
B. 中国、美国、日本
C. 美洲、欧洲、亚洲
D. 美洲、亚洲、欧洲

6. A. 会遭到反对
B. 有效运行存在问题
C. 具有更实际的衡量方式
D. 直接代表超级计算机的性能

二、听第二遍录音，根据新闻内容填空。

____________，中国超级计算机“天河二号”打败了来自日本和美国的竞争者，再一次创造了世界最快运算纪录。

2010 年，“天河二号”的前辈“天河一号”也曾____________，但随后被日本超级计算机____________。

报道同时也指出，尽管中国超级计算机排名____________，但美国仍占总榜单的____________，在____________计算机中，美国____________。

但是，计算机科学家们也对这种测试的方式____________，指出单凭运算次数并不能______________________________。曾有专家表示：“我们需要更实际的____________，在这些超级计算机最重要的应用基础上______________________________。”

三、听第三遍录音，根据下列提示简述新闻要点。

在最新的全球超计算机排行榜上……	天河二号　力压　屈居第二 天河一号　曾占据榜首　随后
世界最快超级计算机排名	开始发布　每……发布一次
在总榜单上	占据主导　从地理分布上看
科学家对测试方式	批评　指出单凭……并不能……　抵制

实践　科技改变生活

新闻速递

将班上的同学进行分组，请每组同学提前收集有关科技方面的新闻报道，侧重科技发展影响和改变人们生活的内容。大家认真观看、共同讨论，然后用新闻报道的形式将主要内容进行记录、汇总。每组选择一名代表在班上报告。

标题：____________________

新闻提纲

____

____

____

____

____

新闻来源：________________________________

20 动植物乐园

由于人类的破坏、栖息地的丧失等因素，地球上濒临灭绝生物的比例正在以惊人的速度增长。如何及时有效地保护濒危生物不仅仅是当今国际社会关注的焦点，更已成为人类迫在眉睫的大事。

预听　我想去云南

20-1

自一个多世纪前人类首次与黑颈鹤相识以来，每年冬天，都有大批的科学家、摄影家，背负行囊，来到云南，登上大山包，近距离接触黑颈鹤。请听录音《我想去云南》。

生　词

20-2

1	世外桃源	shìwài-táoyuán		land of idyllic beauty
2	流连忘返	liúlián wàngfǎn		to enjoy oneself so much as to forget to go home, to linger on
3	眼界	yǎnjiè	（名）	field of vision
4	处女地	chǔnǚdì	（名）	virgin territory
5	栖息地	qīxī dì		habitat

6	濒危	bīnwēi	（动）	to be in imminent danger
7	繁殖	fánzhí	（动）	to breed, to reproduce
8	越冬	yuèdōng	（动）	to live through the winter
9	单反相机	dānfǎn xiàngjī		digital single-lens reflex camera
10	面子	miànzi	（名）	face, reputation
11	翘首以待	qiáoshǒu yǐ dài		to be on the tiptoe of expectation

专有名词

1	香格里拉	Xiānggélǐlā	Shangri-La, a county-level city in Yunnan Province
2	大山包湿地	Dàshānbāo Shīdì	Dashanbao Wetland
4	昭通	Zhāotōng	Zhaotong, a city in Yunnan Province

语言点

1 称得上是……

大山包在云南的昭通地区，目前基本上还称得上是一块旅游的处女地吧。

“称得上是……”表示可以认为是。例如：

（1）大型房企去年销量上涨迅速，项目不好卖才称得上是新闻。

（2）近5年来，该国一直保持经济年均增速9.8%，在目前世界经济不景气的形势下，可称得上是个奇迹。

2 申请许可

我们要进去的话，需要申请许可吧？

“申请许可”表示向相关机构、部门提出请求，说明理由，希望获得允许。例如：

（1）这家航空公司已向国家相关部门申请营业许可。

（2）根据北京市食品药品监督管理局规定，今后药店售卖乳制品奶粉须申请许可。

练 习

一、听第一遍录音，根据内容回答问题。

1. 男的为什么想去云南？

____

2. 去大山包湿地旅游的人多吗？

____

3. 与其他鹤类相比，黑颈鹤最大的特点是什么？

____

二、听第二遍录音，判断正误。 20-3

1.（ ） 2.（ ） 3.（ ） 4.（ ）

5.（ ） 6.（ ） 7.（ ） 8.（ ）

三、讨论。

自然保护区是指在有代表性的自然生态系统、珍稀濒危野生动植物物种比较集中的地方，依法划出一定面积的土地，对其进行特殊保护和管理的区域。在这样的区域内，你认为是否应该允许普通游客自由进出呢？

精听 大山包湿地：黑颈鹤的乐园

扫一扫看新闻

为保护生态，我国在很多具有典型自然生态系统的地区建立了保护区，对其中的生物给予特殊的保护。云南的大山包湿地就是其中之一。请看新闻《大山包湿地：黑颈鹤的乐园》。

生 词

20-4

1	翱翔	áoxiáng	（动）	to soar, to hover
2	精灵	jīnglíng	（名）	spirit, fairy
3	抵	dǐ	（动）	to arrive
4	农历	nónglì	（名）	lunar calendar
5	改善	gǎishàn	（动）	to improve
6	环志	huánzhì	（名）	bird banding
7	拆除	chāichú	（动）	to tear down
8	口粮	kǒuliáng	（名）	food, provisions
9	种植	zhòngzhí	（动）	to plant
10	洋芋	yángyù	（名）	potato
11	野外	yěwài	（名）	field, the outdoors
12	觅食	mì shí		to forage, to search for food

专有名词

1	诺尔盖	Nuò'ěrgài	Nuo'ergai, a grassland
2	大山包黑颈鹤国家级自然保护区管理局	Dàshānbāo Hēijǐnghè Guójiājí Zìránbǎohùqū Guǎnlǐjú	Dashanbao Black-necked Crane National Nature Reserve Management Bureau

新闻常用表达

1 数量达到了……

这两天到大山包湿地过冬的黑颈鹤已经接近 1400 只，数量达到了世界黑颈鹤总数的六分之一。

“数量达到了……”在新闻中通常用来强调数量多或者所占比例大。例如：

（1）去年我国移动电话用户数量达到了 12 亿户。

（2）春节期间，北京旅游接待人数达到了 975 万人次，旅游收入 43.84 亿元。

2 被誉为……

因此大山包也被誉为我国的“黑颈鹤之乡”。

在新闻报道中常用“被誉为”来表示对事物的称赞或赞美。例如：

（1）该技术也被誉为是 21 世纪最有可能从根本上改变航天航空系统研制方式的技术。

（2）西藏阿里天文台被誉为“亚洲最佳的世界级天文台”。

3 供……用

我们在这里种了一片洋芋（土豆），供黑颈鹤野外觅食用。

“供……用”表示提供一些材料、信息等给专门的机构、人或生物使用。例如：

（1）有人提出，是否可以在太空获取太阳能供地球使用。

（2）信息产业部计划购买杀毒软件以供网民免费使用。

练习

一、看第一遍新闻，根据新闻内容回答问题。

1. 根据新闻，你对黑颈鹤有了什么了解？

____

2. 从哪里可以看出大山包湿地的生态环境得到了改善？

____

3. 为了帮助黑颈鹤的生活，保护区的工作人员都采取了什么措施？

____

二、看第二遍新闻，选择正确答案。 20-5

1. A. 鸟类熊猫
   B. 国际濒危野生动物
   C. 每年到大山包湿地越冬
   D. 数量稳定在 1200 ~ 1500 只
2. A. 农历一月
   B. 农历三月
   C. 农历九月
   D. 农历十月
3. A. 海拔高
   B. 冬季多雾
   C. 食物丰富
   D. 生态环境改善
4. A. 生态环境改善
   B. 是中国最大的湿地
   C. 为黑颈鹤准备口粮
   D. 占种群六分之一的黑颈鹤在此越冬
5. A. 能见度差
   B. 是国家级自然保护区
   C. 种植了近 100 亩的土豆
   D. 有些黑颈鹤每年都来越冬
6. A. 数量不稳定
   B. 有工作人员负责喂食
   C. 是从四川飞来的
   D. 有 8000 到 10000 只

三、给下列句子排列。

（　）	A. 每年农历的九月份，它们从四川诺尔盖来到大山包湿地越冬，并在第二年农历三月飞走。
（　）	B. 为了帮助黑颈鹤解决口粮问题，保护区的工作人员每年还要种植近 100 亩的土豆。
（　）	C. 黑颈鹤是世界上唯一一种在高原上繁殖越冬的鹤类，属国际濒危、国家一级保护野生动物。
（　）	D. 目前到大山包越冬的黑颈鹤，占了整个黑颈鹤种群的六分之一。保护区的专家还告诉记者，今年他们在鹤群里发现了一只环志过的黑颈鹤。

四、看第三遍新闻，根据下列提示简述新闻要点。

黑颈鹤	唯一　高原繁殖越冬　濒危　保护动物
大山包黑颈鹤自然保护区	农历九月　农历三月　不到一个月　1372 只
	目前在大山包越冬的黑颈鹤　总数 黑颈鹤之乡
保护区工作人员	为了解决口粮问题　土豆

泛听 我国野生动植物保护成绩斐然

20-6

我国长期以来都将野生动植物及其栖息地的保护、建设和发展视为重要事业之一，并采取了一系列相关措施。请听录音《我国野生动植物保护成绩斐然》。

专有名词

20-7

世界自然基金会	Shìjiè Zìrán Jījīnhuì	World Wildlife Fund (WWF)

新闻常用表达

1 对……加强……

十年来，我们国家对 160 多种珍稀濒危野生动物加强了保护和监测。

新闻中常用“对……加强……”表示使某种行为变得更强和更有效。例如：

（1）该行行长在参会时表示，应高度重视经济运行中存在的风险，对“影子银行”加强有效监管。

（2）环保部表示启动天气应急机制，对重污染地区加强监测预警。

2 遏制……（的）趋势

我国还专门组织实施了保护大熊猫及其栖息地的工程，有效地遏制了野外大熊猫种群下降的趋势。

新闻中常用“遏制了……的趋势”表示制止了某种事物或局势发展的动向。例如：

（1）受访民众大都表示，政府应该采取更严厉的楼市调控措施遏制房价上涨趋势。

（2）专家建议应在相关立法中完善野生动物生存环境保护制度，遏制野生动物资源总量下降的趋势。

练　习

一、听第一遍录音，根据新闻内容回答问题。

1. 新闻中“让野生动植物有了安全舒适的家”，其中“家”指的是什么？

____

2. 中国为保护野生动植物采取了哪几项措施？

____

3. 对熊猫的保护，成果如何？

____

二、听第二遍录音，选择正确答案。 20-8

1. A. 有 1000 多处
   B. 面积近 1.23 亿公顷
   C. 占国土总面积的十分之一多
   D. 多次在其中拍摄到野生大熊猫
2. A. 划定保护圈
   B. 加强巡护监测
   C. 对栖息地进行维护改造
   D. 组织实施专门保护工程
3. A. 交流研究
   B. 对栖息地进行维护
   C. 对动物加强保护和监测
   D. 建立动植物稳定的人工种群
4. A. 总数达到了 330 只
   B. 总数增加了 200 多只
   C. 是最受欢迎的友好使者
   D. 有 40 余只大熊猫用于科学研究
5. A. 人工饲养大熊猫
   B. 与其他国家进行交流研究
   C. 遏制野外大熊猫种群下降的趋势
   D. 拍摄、观察野生大熊猫日常生活
6. A. 扬子鳄
   B. 野生东北虎
   C. 野生大熊猫
   D. 滇金丝猴

三、听第三遍录音，根据新闻内容填空。

要说我国的野生动植物还真不少，____________等动物就有 7500 种，植物更是________

____，野生动植物数量在世界上________。

十年来，我们国家对 160 多种珍稀濒危野生动物加强了________，对栖息地________，建立了________、朱鹮等 200 多种濒危野生动物和上千种植物稳定的人工种群，帮助这些物种________。

壮大的熊猫家族________也越来越重：这十年，有 40 余只大熊猫被送往美国、西班牙、新加坡等许多国家用于________，成为中国最受欢迎的友好使者。

除了人工饲养大熊猫外，我国还专门________了保护大熊猫及其栖息地的工程，有效地________野外大熊猫种群________。

实践　爱护我们的家园

新闻速递

将班上的同学进行分组，请每组同学提前收集有关环境保护方面的新闻报道，可以是动植物保护，也可以是其他环境保护的新闻，大家认真观看、共同讨论，然后用新闻报道的形式将主要内容进行记录、汇总。每组选择一名代表在班上报告。

标题：________

新闻提纲

____

____

____

____

____

新闻来源：________

小测验（四）

一、听第一篇新闻，选择正确答案。

小测验4-1

金砖五国银行“定都”上海

1. A. 世界银行
   B. 亚洲开发银行
   C. 金砖五国银行
   D. 国家开发银行
2. A. 巴西
   B. 印度
   C. 南非
   D. 俄罗斯
3. A. 香港
   B. 上海
   C. 新德里
   D. 福塔莱萨
4. A. 中国
   B. 巴西
   C. 印度
   D. 南非
5. A. 由中国承担
   B. 由国际支援
   C. 由各成员国轮流承担
   D. 由各成员国平均分摊
6. A. 世界银行
   B. 亚洲开发银行
   C. 金砖五国银行
   D. 新闻中没有提到
7. A. 为欧美国家提供支持
   B. 为发展中国家提供支持
   C. 应对金融动荡冲击
   D. 应对国际资本流动风险
8. A. 第一次
   B. 第三次
   C. 第五次
   D. 第六次
9. A. 贷款手续简单
   B. 对美元依赖较大
   C. 对欧元依赖较大
   D. 成员国拥有平等的权利
10. A. 希望能解决问题
    B. 希望与国际社会加强合作
    C. 想要对现有国际机制形成冲击
    D. 是对现有国际机制的有益补充

二、听第二篇新闻，判断正误。

小测验4-2

理性看待国产电影票房“逆袭”

11.（　　）　12.（　　）　13.（　　）　14.（　　）　15.（　　）

16.（　　）　17.（　　）　18.（　　）　19.（　　）　20.（　　）

三、听第三篇新闻，选择正确答案。

小测验4-3

欧洲杯西班牙成功卫冕创纪录

21. A. 欧洲杯小组赛
    B. 世界杯小组赛
    C. 欧洲杯决赛
    D. 世界杯决赛
22. A. 比分一样
    B. 比分不一样
    C. 比分相差不大
    D. 比分相差很大
23. A. 西班牙队和德国队
    B. 意大利队和德国队
    C. 西班牙队和意大利队
    D. 西班牙队和葡萄牙队
24. A. 4 : 0
    B. 4 : 1
    C. 2 : 0
    D. 2 : 1
25. A. 哈维
    B. 席尔瓦
    C. 阿尔巴
    D. 托雷斯
26. A. 他是西班牙队的守门员
    B. 他在上半场打进了一个球
    C. 他为西班牙队打进了第二个球
    D. 他参加了 11 次西班牙国家队的比赛
27. A. 第 14 分钟
    B. 第 61 分钟
    C. 第 84 分钟
    D. 第 88 分钟
28. A. 上半场
    B. 下半场
    C. 全场比赛
    D. 没有发生这种情况
29. A. 他们没有进入过决赛
    B. 教练没有用完换人名额
    C. 比赛中有两名队员受伤
    D. 在比赛中他们曾经扳平了比分
30. A. 获得冠军
    B. 赢得比赛
    C. 获得双料冠军
    D. 再次获得冠军

四、听第四篇新闻，判断正误。

小测验4-4

QQ 浏览器稳坐头把交椅

31. (　　)　32. (　　)　33. (　　)　34. (　　)　35. (　　)
36. (　　)　37. (　　)　38. (　　)　39. (　　)　40. (　　)

五、听第五篇新闻，判断正误。

小测验4-5

黑龙江洪河保护区为 350 对东方白鹳置“婚房”

41.（　　）　42.（　　）　43.（　　）　44.（　　）　45.（　　）

46.（　　）　47.（　　）　48.（　　）　49.（　　）　50.（　　）

词语总表

生词	词性	拼音	课文
		A	
翱翔	动	áoxiáng	20-4
		B	
扳平	动	bānpíng	18-2
保守	形	bǎoshǒu	18-2
爆满	动	bàomǎn	12-4
被动	形	bèidòng	18-5
被迫	动	bèipò	14-4
编年史		biānniánshǐ	11-2
濒危	动	bīnwēi	20-2
冰点	名	bīngdiǎn	14-4
不菲	形	bùfěi	12-2
不均		bù jūn	16-2
不可思议		bùkě-sīyì	14-2
		C	
财长		cáizhǎng	16-2
裁剪	动	cáijiǎn	15-2
仓促	形	cāngcù	16-4
蹭	动	cèng	18-5
拆除	动	chāichú	20-4
倡议	名	chàngyì	13-4
超越	动	chāoyuè	12-2
出手	动	chūshǒu	12-2
处女地	名	chǔnǚdì	20-2
促销	动	cùxiāo	12-4
		D	
大开眼界		dàkāi yǎnjiè	19-4
大洋	名	dàyáng	19-4

生词	词性	拼音	课文
大杂烩	名	dàzáhuì	17-4
单反相机		dānfǎn xiàngjī	20-2
档次	名	dàngcì	15-4
登录	动	dēnglù	11-4
抵	动	dǐ	20-4
奠定	动	diàndìng	13-4
电力	名	diànlì	14-4
定制		dìng zhì	15-2
动辄	副	dòngzhé	17-2
独霸	动	dúbà	17-2
独一无二		dúyī-wú'èr	15-4
短视	形	duǎnshì	17-4
多元化	形	duōyuánhuà	15-4
		F	
发布	动	fābù	14-2
发电机	名	fādiànjī	14-4
烦琐	形	fánsuǒ	15-4
繁殖	动	fánzhí	20-2
防守	动	fángshǒu	18-5
分辨率		fēnbiànlǜ	19-2
丰硕	形	fēngshuò	13-4
风土人情		fēngtǔ-rénqíng	12-2
复兴	动	fùxīng	11-2
富强	形	fùqiáng	11-2
		G	
改善	动	gǎishàn	20-4
尴尬	形	gāngà	17-2
高端	形	gāoduān	12-2
高峰	名	gāofēng	13-2
格局	名	géjú	16-2
给力	形	gěilì	11-4
供应	动	gōngyìng	14-4
共鸣	动	gòngmíng	11-2

生词	词性	拼音	课文
购买	动	gòumǎi	12-2
股	量	gǔ	14-4
关注	动	guānzhù	13-4
惯例	名	guànlì	13-4
广阔	形	guǎngkuò	16-2
规格	名	guīgé	13-2
		H	
海滨	名	hǎibīn	14-2
海沟	名	hǎigōu	19-2
海绵	名	hǎimián	19-4
海参	名	hǎishēn	19-4
海域	名	hǎiyù	19-2
涵盖	动	hángài	13-4
寒潮	名	háncháo	14-4
寒流	名	hánliú	14-4
和谐	形	héxié	16-2
荷叶边		héyè biān	15-4
后起之秀		hòuqǐzhīxiù	18-2
后卫	名	hòuwèi	18-2
厚积薄发		hòujī-bófā	17-2
呼吁	动	hūyù	16-2
划算	形	huásuàn	12-2
话筒	名	huàtǒng	13-2
化妆品	名	huàzhuāngpǐn	12-2
环志	名	huánzhì	20-4
灰蒙蒙	形	huīméngméng	14-2
火爆	形	huǒbào	12-2
或许	副	huòxǔ	14-4
		J	
机不可失		jībùkěshī	19-2
机构	名	jīgòu	11-2
基于	介	jīyú	16-2
级别	名	jíbié	13-2

生词	词性	拼音	课文
夹击	动	jiājī	18-2
架次	量	jiàcì	14-4
艰辛	形	jiānxīn	17-2
鉴定	动	jiàndìng	19-2
间歇	动	jiànxiē	16-2
疆土	名	jiāngtǔ	16-2
将	名	jiàng	18-2
焦点	名	jiāodiǎn	13-2
角球	名	jiǎoqiú	18-5
节气	名	jiéqì	14-2
截止	动	jiézhǐ	16-4
进攻	动	jìngōng	18-5
晋级	动	jìn jí	18-2
禁区	名	jìnqū	18-5
近在咫尺		jìn zài zhǐchǐ	18-5
精雕细琢		jīngdiāo-xìzhuó	15-4
惊呼		jīng hū	12-4
精灵	名	jīnglíng	20-4
精品游		jīngpǐn yóu	12-4
警告	动	jǐnggào	14-4
镜头	名	jìngtóu	13-2
纠结	动	jiūjié	11-4
举足轻重		jǔzú-qīngzhòng	16-2
聚焦	动	jùjiāo	13-4
巨型		jùxíng	19-4
		K	
开展	动	kāizhǎn	19-4
勘探	动	kāntàn	19-4
可观	形	kěguān	17-4
客源	名	kèyuán	12-4
口碑	名	kǒubēi	17-4
口粮	名	kǒuliáng	20-4
款式	名	kuǎnshì	15-2

生词	词性	拼音	课文
扩充	动	kuòchōng	12-4
阔绰	形	kuòchuò	12-2
		L	
懒虫	名	lǎnchóng	14-2
雷	动	léi	11-4
理性	形	lǐxìng	12-2
力求	动	lìqiú	11-4
例外	动	lìwài	13-4
连环	形	liánhuán	14-2
量体裁衣		liàngtǐ cáiyī	15-4
林林总总	形	línlínzǒngzǒng	16-2
领先	动	lǐng xiān	18-5
流连忘返		liúlián wàngfǎn	20-2
路演	名	lùyǎn	12-4
论坛	名	lùntán	13-2
		M	
霾	名	mái	11-4
觅食		mì shí	20-4
秘书长	名	mìshūzhǎng	13-2
面具	名	miànjù	19-4
面子	名	miànzi	20-2
默契	名	mòqì	16-4
		N	
难得	形	nándé	14-2
逆袭	动	nìxí	17-2
年度	名	niándù	11-2
农历	名	nónglì	20-4
		P	
拍摄	动	pāishè	19-2
盘点	动	pándiǎn	11-2
配备	动	pèibèi	19-2
翩然起舞		piānrán qǐwǔ	19-4
票房	名	piàofáng	17-2

生词	词性	拼音	课文
拼抢	动	pīnqiǎng	18-2
贫富		pín fù	16-2
评选	动	píngxuǎn	11-2
扑	动	pū	18-5
		Q	
欺蒙	动	qīméng	17-4
栖息地		qīxī dì	20-2
奇异	形	qíyì	19-4
岂（不是）		qǐ(búshì)	11-2
气势	名	qìshì	18-2
签署	动	qiānshǔ	12-4
千载难逢		qiānzǎi-nánféng	19-2
前锋	名	qiánfēng	18-2
潜水器		qiánshuǐqì	19-2
强	形	qiáng	18-2
翘首以待		qiáoshǒu yǐ dài	20-2
钦佩	动	qīnpèi	18-5
青睐	动	qīnglài	16-4
清一色	形	qīngyísè	16-4
晴雨表	名	qíngyǔbiǎo	11-2
		R	
热潮	名	rècháo	17-4
人士	名	rénshì	12-4
人性化	动	rénxìnghuà	15-2
日前	名	rìqián	12-4
融入		róng rù	15-4
柔美	形	róuměi	15-4
		S	
山寨	形	shānzhài	11-4
商榷	动	shāngquè	12-2
尚未		shàng wèi	19-2
上映	动	shàngyìng	17-2
奢侈品	名	shēchǐpǐn	12-2

生词	词性	拼音	课文
奢华	形	shēhuá	15-4
射门	动	shè mén	18-2
深度	形	shēndù	13-4
绅士	名	shēnshì	16-4
生灵	名	shēnglíng	19-4
生态	名	shēngtài	11-2
史无前例		shǐwúqiánlì	13-2
势头	名	shìtou	12-4
世外桃源		shìwài-táoyuán	20-2
首脑	名	shǒunǎo	13-2
双料	形	shuāngliào	18-2
死亡	动	sǐwáng	14-2
随心所欲		suíxīnsuǒyù	15-2
		T	
T台		T tái	15-4
探讨	动	tàntǎo	13-4
题材	名	tícái	17-4
透露	动	tòulù	13-4
图景	名	tújǐng	11-4
土豪	名	tǔháo	11-4
推动	动	tuī dòng	13-2
推介	动	tuījiè	11-4
推选	动	tuīxuǎn	11-4
		W	
外形	名	wàixíng	19-4
顽强	形	wánqiáng	18-5
危机	名	wēijī	16-4
唯	副	wéi	17-4
稳健	形	wěnjiàn	18-5
无可厚非		wúkěhòufēi	12-2
		X	
席卷	动	xíjuǎn	14-2
喜大普奔		xǐ dà pǔ bēn	11-4

生词	词性	拼音	课文
下摆	名	xiàbǎi	15-2
下潜		xià qián	19-2
小组	名	xiǎozǔ	18-2
协议	名	xiéyì	12-4
卸任	动	xiè rèn	16-4
形态	名	xíngtài	19-4
悬殊	形	xuánshū	17-2
炫目	形	xuànmù	15-4
		Y	
沿途	名	yántú	12-2
眼界	名	yǎnjiè	20-2
洋芋	名	yángyù	20-4
腰围	名	yāowéi	15-2
野外	名	yěwài	20-4
一目了然		yímù-liǎorán	15-2
一枝独秀		yìzhī-dúxiù	17-4
银幕	名	yínmù	17-4
硬件	名	yìngjiàn	17-4
余地	名	yúdì	15-2
预计	动	yùjì	14-4
预警	动	yùjǐng	14-2
元首	名	yuánshǒu	13-2
援引	动	yuányǐn	12-4
越冬	动	yuèdōng	20-2
运转	动	yùnzhuǎn	16-4
		Z	
赞	动	zàn	11-2
宅	动	zhái	11-4
展示	动	zhǎnshì	11-4
战略	名	zhànlüè	12-4
甄选	动	zhēnxuǎn	16-4
争夺	动	zhēngduó	18-2
争气	动	zhēng qì	17-2

生词	词性	拼音	课文
争议	动	zhēngyì	17-4
制高点	名	zhìgāodiǎn	15-4
滞留	动	zhìliú	14-2
中断	动	zhōngduàn	14-4
种植	动	zhòngzhí	20-4
主场	名	zhǔchǎng	13-2
助推	动	zhùtuī	17-4
装备	名	zhuāngbèi	19-2

专有名词

A		
阿尔卑斯山	Ā'ěrbēisī Shān	15-7
阿酷	Ākù	14-4
安德森	Āndésēn	18-5
B		
巴厘岛	Bālí Dǎo	13-7
本德	Běndé	18-5
本特纳	Běntènà	18-5
《变形金刚 4》	《Biànxíng Jīngāng 4》	17-2
波多尔斯基	Bōduō'ěrsījī	18-5
薄荷四国	Bòhe Sì Guó	16-2
布尔森	Bù'ěrsēn	18-5
布达拉宫	Bùdálā Gōng	12-6
D		
达拉斯沃斯堡国际机场	Dálāsī Wòsībǎo Guójì Jīchǎng	14-4
大山包黑颈鹤国家级自然保护区管理局	Dàshānbāo Hēijǐnghè Guójiājí Zìránbǎohùqū Guǎnlǐjú	20-4
大山包湿地	Dàshānbāo Shīdì	20-2
丹麦	Dānmài	18-2
德克萨斯州	Dékèsàsī Zhōu	14-4
狄更斯	Dígēngsī	14-7
东太平洋	Dōng Tàipíngyáng	19-2
东太平洋多金属结核区	Dōng Tàipíngyáng Duō Jīnshǔ Jiéhéqū	19-4
E		
俄亥俄州	Éhài'é Zhōu	14-4
俄克拉荷马州	Ékèlāhémǎ Zhōu	14-4
F		
弗吉尼亚州	Fújíníyà Zhōu	14-4
弗兰克·凯利	Fúlánkè · Kǎilì	14-7
G		
G20	G Èrlíng	16-2
高盛	Gāoshèng	16-7
戈麦斯	Gēmàisī	18-5
宫崎骏	Gōngqíjùn	17-7

央视网	Yāngshìwǎng	11-2
杨利	Yáng Lì	15-4
伊斯兰	Yīsīlán	13-7
Z		
昭通	Zhāotōng	20-2
中国国防科技大学	Zhōngguó Guófáng Kējì Dàxué	19-7
《中国合伙人》	《Zhōngguó Héhuǒrén》	17-2
中国羽协	Zhōngguó Yǔxié	18-8
中央气象台	Zhōngyāng Qìxiàng Tái	14-2
佐利克	Zuǒlìkè	16-4

“十二五”国家重点出版物出版规划项目
国家汉办新世纪汉语本科系列教材研发项目

汉语言专业本科系列教材·听说类

NEWS CHINESE: AUDIO-VISUAL COURSE II

下

新闻视听

Student Reference Book
学习参考

主　编：刘　畅
编　者：李建成　高　蕊　钱亮亮
　　　　李靖华　刘　畅　文　瑛

ERYA CHINESE
尔雅中文

北京语言大学出版社
BEIJING LANGUAGE AND CULTURE UNIVERSITY PRESS

目录

11 流行语与社会

目标	通过本课的学习，学生可掌握流行语类新闻报道的常用句式和词汇以及本课提到的一些流行语，了解流行语折射出的社会的发展变化，能听懂语言类新闻报道，能搜集并介绍近几年年度流行语评选、发布的相关新闻。
语言点	由……（联合）主办；岂不是；在一定程度上；位居……之首；划入……一族
新闻常用表达	一年一度；即日起至……；上至……，下至……；贴上……标签；不再满足于……，（而）……

预听　流行语——社会发展变化的“晴雨表”

年度热词盘点活动是一项什么样的活动？举行这样的活动有什么意义？“正能量”“中国梦”等流行语为什么会受到大家的欢迎？带着这些问题，央视网记者采访了语言学家李教授。请听录音《流行语——社会发展变化的“晴雨表”》。

女：李教授，您好！我是央视网的记者。您多次参加年度热词盘点活动，能不能给我们简单介绍一下这项活动的情况？

男：好的。这是由国家语言资源监测与研究中心、商务印书馆、央视网等机构联合主办的一项热点词语评选活动，它在评选过程中广泛征求网民的意见，能够比较客观真实地反映当年度的语言生态和社会热点。

女：那年度热词盘点活动岂不是相当于流行词语的编年史？

男：你说得对，每年都会有不同的流行词语出现，它们在一定程度上反映了社会的发展变化，是社会心态和发展状况的“晴雨表”。

女：说到流行语，“正能量”位居2012年十大流行语之首。这反映了什么现象？

男：“正能量”实际上代表的是一种健康乐观、积极向上的态度。2012年发生了很多充满正能量的事，这些事的主角都是很平凡很普通的人，他们打动了很多人，给人积极向上的力量，所以“正能量”很快就流行起来了。其实“最美”“赞”也可以划入“正能量”一族，它们都反映了中国人对真善美的追求。

女：2013年“中国梦”这个流行语最受中国人欢迎，您认为原因是什么？

男：这个流行语反映了中国人追求国家富强、民族复兴和人民幸福的伟大理想，“中国梦”是全体中国人努力奋斗的目标，它引起了人们的共鸣，所以受到大家的欢迎。

女：谢谢您接受我们的采访！

男：不客气。

一、听第一遍录音，判断正误。

1. 这位女记者是中央电视台的。（×）
2. 李教授今年是第一次参加年度热词盘点活动。（×）
3. 流行词语是社会心态和发展状况的“晴雨表”。（√）
4. “中国梦”位居2012年十大流行语之首。（×）
5. “正能量”代表一种健康乐观、积极向上的态度。（√）
6. 2012年有很多充满正能量的事，这些事的主角都不是普通人。（×）
7. “中国梦”很受中国人的欢迎，其中一个原因是中国人特别爱做梦。（×）
8. “中国梦”反映了中国人追求国家富强、民族复兴和人民幸福的伟大理想。（√）

二、听第二遍录音，选择下列哪项是李教授的观点。

李教授认为	（√）	A. 年度热词盘点活动能够真实地反映社会热点。
	（√）	B. 流行词语在一定程度上反映了社会的发展变化。
	（×）	C. 年度热词盘点活动应由多家机构轮流主办。
	（×）	D. 2012年“中国梦”最受中国人欢迎。
	（√）	E. “最美”“赞”也可以划入“正能量”一族。

三、讨论。

（略）

精听 汉语盘点 2013

我们已经知道汉语盘点活动由哪些机构主办、有什么特点、它为什么被称为流行词语的“编年史”。那么，年度热词是如何评选出来的？有哪些词曾经入选呢？请看新闻《汉语盘点 2013》。

一年一度的“汉语盘点2013”昨天在北京启动，霾、土豪、喜大普奔……哪个字儿、哪个词儿最能代表你心目当中的 2013，又有哪些词能为我们展示一年间中国和世界的变化图景呢？

年度热词评选活动由国家语言资源监测与研究中心、商务印书馆、央视网等机构联合主办，活动分为网友推荐、专家评点和网络投票三个阶段。即日起至 12 月 7 号，网友可登录央视网主页或微博 @ 汉语盘点 2013，推介“描述 2013 中国和世界”的一个字、一个词，同时说明推荐的具体理由。网民推荐结束后，由主办方推选的专家评委联合评选出前十位字、词，再由网友在公布的获选词中进行投票。整个过程最广泛地征求网民意见，力求客观真实地反映出 2013 年的语言生态和社会热点。

“有一年是‘被’，‘被就业’的‘被’，那收到了第一名，那我们还是如实（反映），有一年是‘涨价’的‘涨’，最后投到了第一名，那也还是如实地反映。”

自 2006 年以来，年度汉语盘点活动已经举办至第八届，被称为是流行词语的编年史。八年来，“宅”“雷”“给力”“山寨”“纠结”等越来越多源于草根、源于网络评选出的流行词语进入了新版《现代汉语词典》，不断丰富了汉字语言的文化生态。

一、看第一遍新闻，判断正误。

1. 汉语盘点活动每年举行一次。 （√）
2. 年度热词评选活动是由多个机构联合主办的。 （√）
3. 这项活动的结束日期是 12 月 7 日。 （×）
4. 在评选过程中网民的意见并不重要。 （×）
5. 这项活动希望能够比较好地反映一年的语言生态和社会热点。 （√）
6. “被就业”的“被”不是年度热词。 （×）
7. 这项活动已经举办了 18 届了。 （×）
8. 年度汉语盘点活动被称为是流行词语的编年史。 （√）
9. 源于草根的流行词语都进入了《现代汉语词典》。 （×）
10. 网民对语言的使用丰富了汉语的文化生态。 （√）

二、看第二遍新闻，选择正确答案。

1. 下面哪一个不是年度热词评选活动的主办机构？（C）
2. 下面哪一个不是年度热词评选活动的阶段？（D）
3. 网民可以通过什么方式来推介年度热词？（B）
4. 专家会从网民的推荐中评选出前几位的字词让网民进行投票？（C）
5. 汉语盘点活动是从哪一年开始的？（A）
6. 根据新闻内容，下面哪一个词没有进入新版《现代汉语词典》？（D）

三、给下列句子排序。

（1）	A. 流行语与社会文化有着相当大的关联。
（2）	B. 经济社会发展越快，流行语的出现和更替也就越频繁。
（3）	C. 流行语之所以能够流行，是因为它也迎合了当今社会生活的快节奏，同时不断推陈出新、高速能产，这也成为了流行语生命力旺盛的一个重要原因。
（4）	D. 流行语总是紧随时代发展的步伐，将现实生活中正在发生和发展的事件或正在兴起的事物，用生动的词语反映出来，丰富人们的口头用语。

四、看第三遍新闻，根据下列提示简述新闻要点。

（略）

泛听　2012 年十大流行语发布

2012 年有哪些流行语最受欢迎？这些流行语是怎么产生的？为什么受到大家的欢迎？这背后反映了什么问题？请听录音《2012 年十大流行语发布》。

2012 年十大流行语于 12 月 30 日正式发布，其中包括“正能量”“最美”“赞”“高富帅”“舌尖上”“接地气”等。

在十大流行语中，“正能量”位居榜首。“正能量”绝对是 13 亿国人最爱的词语之一，使用者上至国家元首，下至平民百姓。专家指出，“正能量”指的是一种健康乐观、积极向上的动力和情感。当下，中国人为所有积极健康的、给人力量的人和事，贴上“正能量”标签。事实上，被列入 2012 年十大流行语的不少词语例如“最美”“赞”，都可以被划入“正能量”一族。

“最美 + 身份”的组合是“最美”的新兴用法，作为一种对人物的美称，在 2012 年已经成为感动中国的新力量。2011 年，一个两岁女童从 10 楼坠落，正从楼下经过的吴菊萍冲过去接住了孩子。小女孩得救了，而吴菊萍左臂骨折，人们称赞吴菊萍为“最美妈妈”。此后各种“最美”称号不断涌现，如最美教师、最美司机、最美战士、最美女法官……层出不穷的“最美”背后，反映的是国人对真善美的渴求。

“赞”这个词先是在网络上流行，然后打入传统媒体，有动词、形容词两种用法。用作动词的“赞”可以替代许多双音词，如赞美、称赞等。用作形容词的“赞”表示“好”，其来源于上海、浙江等地的方言，那里用“赞”表示“好”，如上海话里“蛮赞”就是“很好”的意思。一个“赞”字，包含了赞美、赞同、赞叹等众多情绪，显示出国人已经不再满足于“围观”，而开始变得爱憎分明了。

2012 年，还有一些流行语格外耐人寻味。在“真爱难找”“剩女如云”的时代，“高富帅”和“白富美”受到大家的欢迎，人们用它来指那些“在选择对象方面最有优势的男人和女人”。这其中，既有人们对美好婚恋的羡慕，也表达了普通百姓对理想生活的向往和对平凡现实的自我解嘲。

一、听第一遍录音，根据新闻内容连线。

有了新兴用法，对人的美称	正能量	最受中国人喜爱
找对象有优势	最美	上海话里有相似的意思
健康乐观、积极向上	赞	对美好婚恋的羡慕
表示“好”的意思	高富帅	感动中国的新力量

二、听第二遍录音，选择正确答案。

1. 根据录音内容，2012 年最受中国人欢迎的流行语是哪一个？（B）
2. 下面哪一组流行语可以划入“正能量”一族？（A）
3. “赞”可以用作形容词，表示“好”的意思，这种用法来源于哪里？（C）
4. “最美教师、最美司机”这种用法反映了中国人对哪方面的追求？（B）

5. 下面哪个流行语先在网上流行，然后又进入传统媒体的？（A）

6.“2012 年还有一些流行语耐人寻味，比如‘高富帅’和‘白富美’。”这句话里“耐人寻味”是什么意思？（D）

三、听第三遍录音，根据新闻内容填空。

在 2012 年十大流行语中，“正能量”位居榜首。使用者上至国家元首，下至平民百姓。当下，中国人为所有积极健康的、给人力量的人和事，贴上“正能量”标签。2012 年十大流行语中，“最美”和“赞”都可以被划入“正能量”一族。层出不穷的“最美”背后，反映的是国人对真善美的渴求。“赞”这个词先是在网络上流行，然后打入传统媒体。“高富帅”和“白富美”受到大家的欢迎，反映了人们对美好婚恋的羡慕、对理想生活的向往和对平凡现实的自我解嘲。

12 心动不如行动

目标	通过本课的学习，学生可掌握旅游类新闻报道的常用句式和词汇，听懂旅游类新闻报道，能搜集并讲述旅游类新闻。
语言点	无可厚非；值得商榷；心动不如行动
新闻常用表达	打……牌；……以……；得益于……；在……范围……；突破……大关；和……同期相比，……

预听　要不咱们出去旅游吧

你喜欢旅游吗？旅游有哪些好处？你觉得出去旅游时购物重要吗？请听录音《要不咱们出去旅游吧》。

女：据说中国已经超越美国等国成为世界第一大国际旅游消费国，去年一年中国人海外旅游消费就达到了千亿美元，消费能力真是惊人！

男：是啊，现在出国旅游的中国人越来越多了。

女：出国旅游花费可不菲啊！

男：对于那些有钱人来说，钱根本不是问题，他们希望走出国门，到别的国家去走一走，看一看。

女：怪不得每到假期的时候旅行社的生意都那么火爆呢。新闻上说中国人出手阔绰，大量购买高端化妆品和奢侈品，他们的购买能力相当强。

男：这实际上为促进旅游目的地国家的经济发展做出了不小的贡献。

女：我觉得旅游最主要是了解当地的风土人情，购物并不是主要目的。买一些纪念品无可厚非，可是不理性的消费就值得商榷了。

男：你说得对。哎，听说你寒假也不回国，要不咱们出去旅游吧？

女：好主意，咱们去哪儿？

男：你去过西藏吗？听说冬天的西藏格外漂亮，冬游西藏除了能欣赏到美丽的风景，还能体验藏历新年的各种庆祝活动，而且机票、酒店和景点都有优惠活动，特别划算。

女：听你这么说，我也有点儿心动了。

男：心动不如行动，咱们考完试就去吧。

女：可是冬天西藏会不会特别冷啊？我比较怕冷。

男：不用担心，虽然晚上气温会低一点儿，但是白天气温比北京高好几度呢。

女：那就好！咱们坐火车去吧，还能顺便看看沿途的风景。

男：好的，那咱们下个星期就准备买火车票吧。

一、听第一遍录音，判断正误。

1. 中国现在是世界第一大国际旅游消费国。（√）
2. 中国人去年一年的旅游消费达到了 1000 亿美元。（×）
3. 女的认为出国旅游其实不需要花太多钱。（×）
4. 假期的时候旅行社的生意都比较好。（√）
5. 新闻上说，出国旅游的中国人大量购买奢侈品和电子产品。（×）
6. 女的对旅游中的不理性消费提出了批评。（√）
7. 男的和女的假期都不回国，所以他们打算去西藏旅游。（√）
8. 男的推荐去西藏旅游，因为那里冬天很漂亮，而且也很划算。（√）
9. 男的担心西藏冬天太冷，因为他怕冷。（×）
10. 他们准备考试完之后就买票。（×）

二、听第二遍录音，选择下列哪项是女的的观点。

女的认为	（√）	A. 中国人的海外消费能力很强。
	（×）	B. 中国人出国旅游花费不多。
	（×）	C. 出国旅游为当地做出了很大贡献。
	（√）	D. 外出旅游，购物并不是主要目的。
	（√）	E. 坐火车去旅游更好，可以看沿途的风景。

三、讨论。

（略）

精听　中国人过年，全世界赚钱

随着人们经济水平的提高，越来越多的人选择出境游。中国人强大的消费能力引起了人们的惊呼，各国也纷纷采取措施吸引中国游客。请看新闻《中国人过年，全世界赚钱》。

随着 2011 年春节的日益临近，中国各大旅行社的出境游线路十分地火爆，很多热门线路提前爆满，春节日益成为各国越来越不能忽视的节日。

每逢春节黄金周，都是世界各旅游目的地张贴福字的时候，在日本、法国和英国的中心城市、商场、专卖店等场所，中国游客出手阔绰，购买高端化妆品和奢侈品，这些大方行为，已经引起了国际媒体的惊呼：中国人过年，全世界赚钱！

为了吸引更多中国游客前往，今年很多旅游目的地国都打出特色牌。根据韩国媒体报道，韩国今年将会扩充酒店等住宿设施以有针对性地吸引中国人，韩国旅游当局还计划开发针对中国人的精品游、韩流观光游和发行自由行游客的专用指南等促销战略。日本共同社日前援引政府消息人士的话说："政府已经基本决定向中国个人来日游客发放在有效期之内可以反复使用的多次往返签证。"据加拿大《世界日报》报道，今年春节，百名中国游客将会到加拿大来吃年夜饭，这得益于去年两国签署的《以加拿大为旅游目的地的协议》。届时，游客将会在温哥华冬奥胜地吃年夜饭，然后游览温哥华等地，尽览北国风光。日前南非旅游局举办的"超越平凡，绿享南非"媒体路演活动分别在北京、上海、成都和广州举行，希望借后世界杯势头再度影响中国出境游市场，根据南非内政部的报告显示，中国已经成为南非在亚洲客源市场中增长最快的国家之一。

一、看第一遍新闻，画出并替换句子中与你听到的不一样的词。

1. 根据韩国媒体报道，韩国今年将会扩建酒店等住宿设施以有针对性地吸引中国人。（扩充）
2. 韩国旅游当局还计划开发针对中国人的精品游、韩流观光游和发行自由行游客的专用指南等销售战略。（促销）
3. 日本共同社日前引用政府消息人士的话说："政府已经基本决定向中国个人来日游客发放在有效期之内可以反复使用的多次往返签证。"（援引）
4. 今年春节，百名中国游客将会到加拿大来吃年夜饭，这得益于去年两国签订的《以加拿大为旅游目的地的协议》。（签署）

5. 根据南非内政部的报告显示，中国已经成为南非在亚洲游客市场中增长最快的国家之一。（客源）

二、看第二遍新闻，根据新闻内容连线。

韩国	扩建住宿设施、推出促销战略
日本	发放多次往返签证
南非	在中国举行媒体路演活动
加拿大	在冬奥胜地推出年夜饭服务

三、用所给句式和词语模仿造句。

1. 随着经济的发展，出行的舒适性日益成为高收入家庭最重视的要求之一，私人汽车成为生活中越来越不可缺少的交通工具。

2. 根据国家旅游局的报告显示，中国已经成为亚洲最受欢迎的旅游目的地之一。

根据有关部门的统计数据显示，新疆吐鲁番盆地是我国降水量最少的地区之一。

四、看第三遍新闻，根据下列提示简述新闻要点。

（略）

泛听　冬游西藏，享受阳光

很多人以为冬季西藏天气冷、含氧量低，并不适合旅游。那么，事实情况是怎么样的呢？请听录音《冬游西藏，享受阳光》。

“西藏有东北的雪景，还有比海南更暖的阳光，游客们可以在西藏享受美好的休闲之旅……”，在工作人员的讲解中，由西藏自治区旅游局主办的2013年“冬游西藏，享受阳光”旅游推介会今天上午在北京举行，共吸引了北京十几家旅行商和40多家媒体参加。

受到传统观念的影响，很多人以为冬季西藏寒风刺骨、冰天雪地，含氧量和气温都很低，并不适合旅游，所以冬季不敢到西藏旅游。针对这些误解，拉萨市旅游局工作人员介绍说，拉萨夏季空气含氧量为 66%、冬季为 64%，相差不大；冬季气温低主要是指夜晚温度低，白天温度可以达到 15 ～ 25 度；每年的 10 月到来年的 2 月是西藏天气最好的时候，很多平时难看到的雪山基本都可以看到，旅游开支也比其他时间要划算。在传统的旺季，西藏旅游一票难求，而在冬季，布达拉宫不再限制游客流量和参观时间，机票有折扣，酒店、景点也纷纷推出优惠活动，此外还能亲历藏历新年等许多具有浓厚地方特色的传统节日，所以冬游西藏更划算、更适合。

为了改善进藏旅游夏秋季过旺而冬春季过淡的状况，充分展现冬季西藏各地的自然和人文景观，从 2007 年开始，西藏自治区旅游局在全国范围推广“冬游西藏，享受阳光”的宣传促销活动，冬季进藏游客持续增加。根据统计，2012 年西藏总共接待游客突破千万人次大关，和 2011 年同期相比，增长了 47.8%。2012 年冬季，赴藏游客已达 179.26 万人次，占全年游客总量的 17%。“冬游西藏，享受阳光”正在成为旅游的新的热门。

西藏自治区旅游局工作人员还告诉游客，冬游西藏需要注意以下几点：一是初到西藏要适当减少高强度的运动，如果是坐飞机直飞拉萨，下飞机后走路速度不能太快；二是要带上保暖服装以及登山鞋、手套等，并准备好太阳镜、防晒霜等物品。

一、听第一遍录音，选择正确答案。

1. 在人们的传统观念里，冬季西藏是什么样的？（C）
2. 西藏什么时候天气最好？（D）
3. 在传统的旺季去西藏旅游会怎么样？（B）
4. 西藏从哪一年开始在全国范围推广“冬游西藏，享受阳光”活动？（A）
5. 和 2011 年同期相比，2012 年西藏游客的数量增加了多少？（B）
6. 冬游西藏需要注意的事项中，不包括下面哪一项？（A）

二、听第二遍录音，根据新闻内容填空。

由西藏自治区旅游局主办的 2013 年“冬游西藏，享受阳光”旅游推介会今天上午在北京举行。受到传统观念的制约，很多人以为冬季西藏含氧量和气温都很低，并不适合旅游。其实拉萨夏季和冬季的空气含氧量相差不大，冬季气温低主要是指夜晚温度低，白天温度并不低。冬季来西藏旅游有很多优惠活动，还能亲历藏历新年等许多具有浓厚地方特色的传统节日，所以更划算、更适合。

三、听第三遍录音，填写数字。

拉萨冬季空气含氧量	拉萨冬季白天温度	2012 年西藏总共接待游客人次	2012 年冬季赴藏游客人次
64%	15 ～ 25 度	突破一千万	179.26 万人次

13 国际合作

目标	通过本课的学习，学生可掌握国际合作，特别是高层交往类时政新闻的常用句式和词汇，听懂元首会晤新闻，记录会晤内容等关键信息，能搜集并播报当前国际合作类时政新闻。
语言点	成为……焦点；将……对准；史无前例
新闻常用表达	就……签署协议；是……一大看点；是……关注的重点；以……的形式；非正式会议；作为……最具影响力的……；受到……质疑

预听 "一带一路"

起源于西汉的丝绸之路打开了东西方文化交流的大门。2013 年，中国提出了"一带一路"的倡议，得到了很多国家和国际组织的积极响应和支持，"一带一路"的朋友圈正在逐步扩大。

男：你去过北京的雁栖湖吗？

女：很多年前去过，有山有水，景色很优美。这两年更美了，也更有名了，因为 2014 年那里举办过 APEC 峰会。听说"一带一路"高峰论坛正在那里举行。

男：没错。因为"一带一路"高峰论坛，雁栖湖国际会议中心这几天已经成为了世界的焦点，各国的媒体记者都将镜头、话筒对准了这里。

女：具体细节我还不太清楚，你说来听听吧。

男：那我就给你补补课吧。高峰论坛是 2017 年中国重要的主场外交活动，对推动国际和地区合作具有重要意义。这是第一届"一带一路"国际合作高峰论坛，会议日程安排得也很有特点。

女：是什么？

男：高峰论坛是“一带一路”提出三年多来最高规格的论坛活动，主要包括开幕式、圆桌峰会和高级别会议三个部分。

女：这确实是一个高规格的论坛活动，来参加会议的国家元首应该有很多吧？

男：完全正确，除了29位国家元首、政府首脑，联合国秘书长、红十字国际委员会主席等三位重要国际组织负责人也会出席高峰论坛，出席论坛的正式代表大约有1500名，来自全球的4000余名记者已注册报道此次论坛。

女：人还真多，看来这个高峰论坛的规格的确是史无前例的。

男：是的，这是一次具有重要意义的高峰论坛。共建“一带一路”，不是中国一家分蛋糕或拿蛋糕的大头，而是沿线各国共同把蛋糕做大，一起分蛋糕，是为了加强国际合作、共同发展。这次论坛很成功，让我们期待两年后举行的第二届高峰论坛吧！

一、听第一遍录音，判断正误。

1. 2014年在雁栖湖举办过APEC峰会。（√）
2. 雁栖湖国际会议中心这几天成为世界的焦点是因为“一带一路”高峰论坛。（√）
3. 这是第二届“一带一路”国际合作高峰论坛。（×）
4. 这次“一带一路”高峰论坛的活动主要包括两个部分。（×）
5. 这次“一带一路”高峰论坛是2016年中国重要的主场外交活动。（×）
6. 这次“一带一路”高峰论坛的规格非常高。（√）
7. 参加这次高峰论坛的国家元首和政府首脑一共有29位。（√）
8. 下一届“一带一路”高峰论坛将在两年后举行。（√）

二、听第二遍录音，填空。

这次“一带一路”高峰论坛的论坛活动，主要包括开幕式、圆桌峰会和高级别会议三个部分。

三、讨论。

（略）

精听 “一带一路”高峰论坛

中国提出“一带一路”国际合作已经三年多了，2017 年在北京第一次召开“一带一路”国际合作高峰论坛，这次论坛都有什么特点呢？请看新闻《“一带一路”高峰论坛》。

“一带一路”倡议提出三年多来，取得了丰硕的早期收获，目前已得到世界上 100 多个国家和国际组织的响应和支持，中方已与 40 多个国家和国际组织就共建“一带一路”签署了合作协议，“一带一路”已经从中国倡议变成全球共识，并进入全球行动的阶段。当前世界经济复苏乏力，逆全球化思潮抬头，外界对中国承担更多国际经济发展责任的期待也在增加。在这个时间节点召开高峰论坛有承上启下的作用，既是为了总结以往经验，更是为了规划未来，为更深层次合作奠定基础。

阵容强大的与会嘉宾是本次高峰论坛的一大看点。出席论坛活动的除 29 位国家元首和政府首脑、多位国际组织负责人，还有 130 多个国家的约 1500 名各界贵宾，与会嘉宾涵盖了五大洲，有政要、官员、专家学者等各界人士，充分说明了中方倡议得到了积极响应，也体现了本次论坛的开放包容。此外，如此高规格的与会嘉宾也为中国与有关国家探讨双边合作提供了机会。按照国际会议惯例，东道国领导人一般都会同参会外国领导人在会议期间举行双边会谈，探讨双边关系发展和共同关心的问题，这次应该也不例外。

中国将如何通过“一带一路”建设进一步开展国际合作，这是国际社会对本次论坛关注的一个重点。论坛议程安排透露出对于如何开展深度合作的一些考量，除了领导人参与的圆桌峰会，论坛将以“1+6”的形式举行一场高级别全体会议和六场平行主题会议。高级别会议将重点探讨基础设施、产业投资、经贸合作、能源资源、金融合作、人文交流、生态环境和海上合作等八个方面，六场平行主题会议则分别聚焦五通和智库交流。

一、看第一遍新闻，选择正确答案。

1. “一带一路”倡议提出多长时间了？ （C）
2. “一带一路”倡议目前已得到多少个国家和国际组织的响应和支持？ （C）
3. 东道国领导人一般都会同参会外国领导人在会议期间举行什么？ （A）
4. 以下哪项是国际社会对本次论坛关注的一个重点？ （D）

5. 这次高峰论坛将举行几场平行主题会议？ （B）

6. 关于此次高峰论坛的高级别会议，以下哪项不是重点探讨的方面？ （D）

二、看第二遍新闻，将下列句子按正确顺序排列。

（2）	A. 目前已得到世界上 100 多个国家和国际组织的响应和支持。
（4）	B.“一带一路”已经从中国倡议变成全球共识，并进入全球行动的阶段。
（1）	C.“一带一路”倡议提出三年多来，取得了丰硕的早期收获。
（3）	D. 中方已与 40 多个国家和国际组织就共建“一带一路”签署了合作协议。

三、用所给句式和词语模仿造句。

1. 2017 亚太经合组织领导人会议周开幕。大力推动互联互通是本次 APEC 会议的一大看点。

2.《B 超神探》日前在民族文化宫上演，它以传统戏剧的形式讲述了贾立群大夫的感人事迹。

四、看第三遍新闻，根据下列提示简述新闻要点。

（略）

泛听　外交也休闲

近年来，休闲外交因其人性化、个性化的形式以及轻松愉悦的氛围，越来越受到国际社会的欢迎。请听录音《外交也休闲》。

在人们的印象中，外交场合一般是隆重的、正式的，但近年来，休闲外交作为一种“不打领带的外交”悄然兴起。在国际双边和多边外交场合，特别是元首会晤中，人们不时可以看到这样的场景：国家领导人们不再穿西装、打领带，而是身穿休闲服，一起散步、运动、喝茶、聊天，就国际热点问题交换意见，良好的私人关系也在这种轻松的气氛中建立起来。

2013 年 10 月 7 日，亚太经合组织第二十一次领导人非正式会议在印尼巴厘岛举行。当年满 61 岁的俄罗斯总统普京走进会议大厅时，印尼总统苏西洛亲自迎接，并弹着吉他为他唱了一首生日歌，在场的其他国家领导人也都一起唱起了生日歌。这样的祝福让很多人出乎意料，连普京本人都对生日礼物非常惊讶，甚至还有些不好意思："非常感谢这份出人意料的生日祝福。"他用印尼语对苏西洛表达了感谢，并夸赞"您唱得非常棒"。

明年，北京将迎来 APEC 会议，会场位于怀柔雁栖湖，这是继 1995 年举办第四届世界妇女大会之后，怀柔第二次承办大型国际会议。作为亚太地区最具影响力的经济合作官方论坛，APEC 会议的选址很有讲究。近几年 APEC 会址一般选择风景好的地方，这些会址都体现了东道主的自然风光和历史文化，但在首都开的并不是太多，这次把雁栖湖作为主会场也是为了体现绿色环保的理念。近几年，北京的环境问题受到了质疑，明年 APEC 的会址选择在北京怀柔，可以显示北京在治理环境污染，特别是大气污染方面的成果。

至于北京 APEC 会议的饮食，这是推广北京小吃的一个窗口，到时各国领导人会吃到地道的北京小吃。具体哪些食品会上餐桌还不能确定，但北京的清真小吃会非常适合参会者，因为在 APEC 成员中，有很多伊斯兰国家。艾窝窝、驴打滚等北京特色清真小吃正好符合这些国家领导人的口味，相信到时会让他们赞不绝口。

一、听第一遍录音，回答问题。

1. 亚太经合组织第二十一次领导人非正式会议在哪个国家举行？

   印尼。

2. 近几年 APEC 会址一般选择怎样的地方？

   风景好的地方。

3. 近几年北京因为什么问题受到质疑？

   环境问题。

4. 北京的清真小吃为什么会非常适合 APEC 会议的参会者？

   因为 APEC 成员中有很多伊斯兰国家。

二、听第二遍录音，判断正误。

1. 休闲外交是一种"不打领带的外交"。（√）
2. 2013 年 10 月 7 日是俄罗斯总统普京 60 岁的生日。（×）

3. 普京用俄语对印尼总统苏西洛表达了感谢。（×）

4. 明年 APEC 会议的会场位于雁栖湖。（√）

5. 举办 APEC 会议，是怀柔第一次承办大型国际会议。（×）

6. 近几年 APEC 会址大多选择在首都。（×）

7. 北京 APEC 会议，具体哪些食品会上餐桌现在已经确定。（×）

8. 在 APEC 成员中，有很多伊斯兰国家。（√）

三、听第三遍录音，填空。

在亚太经合组织第二十一次领导人非正式会议上，俄罗斯总统普京收到了以下的生日礼物：

印尼总统苏西洛亲自迎接，并弹着吉他为他唱了一首生日歌。

在场的其他领导人也都一起唱起了生日歌。

14 气候恶化

目标	通过本课的学习，学生可掌握自然环境类社会新闻的常用句式和词汇，听懂与气候相关的新闻，记录气象预警等关键信息，能搜集并播报当前与极端天气相关的社会新闻。
语言点	发布……预警；被……席卷；让人不可思议
新闻常用表达	……预计；截至……；原（本）定于……；造成至少……，其中包括……；有……之称；最……的时刻（之一）；摘掉……帽子

预听　赶走雾霾，呼唤蓝天

这是一个周末的早晨，也是一个雾霾笼罩看不到蓝天的早晨，我们的生活会受到怎样的影响呢？请听录音《赶走雾霾，呼唤蓝天》。

男：懒虫，快起床了，难得这个周六没事儿，我们今天带着孩子去爬香山吧。

女：哎呀，昨天天气预报都说了，今天依然有雾霾，不适合外出活动，你就让我多睡会儿吧。

男：这雾霾天已经连续四五天了，今天还不结束吗？

女：看来你真没看天气预报，中央气象台昨天已经发布大雾黄色预警和霾黄色预警了。这次的雾霾天不仅持续的时间长，范围也特别大，整个中东部，几乎半个中国都被雾霾席卷了。

男：我去打开电视，看看早间新闻。

女：你先把窗帘打开，直接看看窗外的世界，能看到蓝天吗？

男：哈哈，还是老婆聪明……咳，外面一片灰蒙蒙，看来今天的污染很严重啊。

女：天空是灰蒙蒙的，心情也变得灰蒙蒙的了。这样的天气，我们也别出去了，就在家待着吧。

男：空气污染，确实不太适合外出，而且能见度差，交通肯定受影响。你快看，早间新闻有报道了，上海高速路上发生交通事故，7 辆车连环相撞，其中 2 辆车严重受损，1 人死亡。而且很多航班被取消，很多旅客被滞留在机场。

女：你说，为什么会有这么严重的雾霾呢？连青岛这样的海滨城市也有了雾霾，真让人不可思议。

男：最近雨水太少了。马上就是大雪节气了，可是今年冬天一直也没下雪，雾霾应该跟这有些关系吧？要是刮点儿风就好了，能把污染物吹跑了。

女：好像下午有四五级的大风，温度也会下降很多。

男：大风降温，你不怕冷吗？

女：为了能见到蓝天白云，我还真是盼望着刮大风呢。

一、听第一遍录音，选择正确答案。

1. 关于这次雾霾天的陈述，以下哪项不正确？（A）
2. 中央气象台发布了大雾和霾的哪种预警？（B）
3. 以下关于早间新闻报道中高速路上交通事故的陈述，哪项是正确的？（C）
4. 女的觉得什么不可思议？（D）
5. 以下哪项，男的认为不是雾霾形成的原因？（C）
6. 根据女的观点，下午会刮几级风？（D）

二、听第二遍录音，填写数字。

早间新闻报道：上海高速路上发生交通事故，_7_辆车连环相撞，_2_辆车严重受损，_1_人死亡。

三、讨论。

（略）

精听　美国中部冰雪天气持续

美国遭遇近20年来的最严寒天气，严寒带来的暴风雪席卷美国，这种冰雪天气给人们的生活造成了怎样的影响呢？请看新闻《美国中部冰雪天气持续》。

7号席卷美国多个地区的冰雪天气仍在持续。

在德克萨斯州、俄亥俄州和田纳西州等多个地区，寒流带来的雨加雪、强降雪和大风导致多地道路结冰、学校停课、社会活动被迫取消，气温也是降到了冰点以下。冰雪天气还造成电力供应中断，并且严重影响到了交通，数百万人受到了影响。气象部门预计，整个周末这种天气都将会持续。

据美联社报道，截至 7 号早晨，德克萨斯州达拉斯地区有 11.7 万户家庭失去了电力供应。当天，德克萨斯州达拉斯沃斯堡国际机场有超过 350 架次的航班被取消，超过 3300 名旅客被滞留在机场，原本定于 8 号举行的达拉斯马拉松赛也被迫取消。在田纳西州的孟菲斯市，有超过 3000 人受到电力中断影响。当地政府此前已经警告居民称，寒潮或许会造成电力供应中断，因此，当地居民纷纷前往商店抢购日用品，购买发电机，并给汽车加油。

另据俄克拉荷马州政府发布的消息，暴风雪已经造成了至少两人死亡，其中包括一名五岁的男孩。气象部门预计，这股强冷空气将于 8 号到 9 号到达美国东北部地区。据美国阿酷气象公司预计，从弗吉尼亚州向北直到缅因州地区，将会出现雨加雪和大范围降雪天气，这无疑将给各地交通情况带来严重影响。

一、看第一遍新闻，判断正误。

1. 席卷美国多个地区的冰雪天气是从 7 号开始的。（√）
2. 社会活动没有受到冰雪天气的影响。（×）
3. 气象部门预计，冰雪天气会在本周末结束。（×）
4. 达拉斯马拉松赛原本定于 8 号举行。（√）
5. 在孟菲斯市，当地政府此前发布了电力供应中断的预警。（√）
6. 在孟菲斯市，当地居民纷纷前往商店抢购日用品。（√）
7. 在俄克拉荷马州，一名五岁的男孩在暴风雪中死亡。（√）
8. 气象部门预计，这股强冷空气将于 8 号到 9 号到达美国西部地区。（×）

二、看第二遍新闻，画出并替换句子中与你听到的不一样的词。

1. 寒流带来的雨加雪、强降雪和大风导致多地道路结冰、学校停课、社会活动被迫取消，气温也是降到了<u>零度</u>以下。（冰点）
2. 冰雪天气还造成电力供应<u>停止</u>，并且严重影响到了交通，数百万人受到了影响。（中断）
3. 据美联社报道，<u>到</u> 7 号早晨，德克萨斯州达拉斯地区有 11.7 万户家庭失去了电力供应。（截至）

4. 据美国阿酷气象公司估计，从弗吉尼亚州向北直到缅因州地区，将会出现雨加雪和大范围降雪天气。（预计）

三、给下列句子排序。

（2）	A. 降雪区域主要集中在昆明、丽江、大理等州市，全省有51个县站出现降雪或雨夹雪天气。
（1）	B. 从12月13日开始，云南出现大范围的低温雨雪天气。
（4）	C. 12月16日，昆明降雪还在持续，昆明机场一度临时性关闭。
（3）	D. 冰雪灾害对民航、公路、铁路、电力、通讯等都造成了不同程度的影响。

四、看第三遍新闻，根据下列提示简述新闻要点。

（略）

泛听　伦敦摘掉“雾都”帽

伦敦曾经被称为“雾都”，今天的伦敦已摘掉“雾都”帽。伦敦治理污染的经验会给我们什么启示呢？请听录音《伦敦摘掉“雾都”帽》。

作为长期研究环境与健康的专家，弗兰克·凯利教授有一种“职业病”：每到一个地方，他总要习惯性地对当地的空气质量做一个感性的评估。当凯利2008年9月份到北京的时候，刚下飞机就觉得空气并不令人十分满意。而那时北京奥运会刚刚结束，由于交通限行、生产限时，当时北京的空气还算比较好的。凯利说：“当空气的能见度由于空气质量变差时，你就会经常提醒自己呼吸的空气不好，这样会使人处于压力之中。”

就在4年之后，凯利所在的城市，有“雾都”之称的伦敦，成功举办了号称“史上最绿色”的一届奥运会。人们发现，那个从狄更斯时代就以烟雾笼罩而著称的城市，现在常常碧空如洗。

伦敦这样良好的空气，是“血的教训”换来的。1952年12月5日的毒雾事件是伦敦历史上最惨痛的时刻之一，当时那场毒雾造成至少4000人死亡，无数伦敦市民呼吸困难，交通瘫痪多日，数百万人受到影响。在那场灾难之后，英国政府想了很多方法，做了一系列的补救工作。

最重要的是 1956 年英国政府颁布了《清洁空气法案》，这一法案划定“烟尘控制区”，区内的城镇禁止直接燃烧煤炭。此外，还陆续关闭了伦敦所有烧煤的火电厂，将其搬到城市以外的地方。通过一系列的措施，伦敦的空气质量越来越好。

80 年代后，交通污染取代工业污染，成为伦敦空气质量恶化的首要因素。对此，多位政府官员和专家提议，在城市地区尽量使用小排量的汽油动力汽车以及清洁的公共交通工具，并对使用柴油的公交车和出租车进行升级改造。

经过多年持续不断的治理，今天的伦敦早已摘掉了“雾都”的帽子，空气质量大为改善。凯利认为，北京可以学习伦敦的经验，改善北京的空气质量。

一、听第一遍录音，概括大意。

凯利 2008 年 9 月份到北京的时候，刚下飞机就觉得空气并不令人十分满意。那时北京奥运会刚刚结束，北京的空气还算比较好的。

就在 4 年之后，凯利所在的城市，有“雾都”之称的伦敦，成功举办了号称“史上最绿色”的一届奥运会。

伦敦的良好空气是“血的教训”换来的。1952 年的毒雾事件是伦敦历史上最惨痛的时刻之一，当时那场毒雾造成至少 4000 人死亡。在那场灾难之后，英国政府想了很多办法，做了一系列的补救工作。

二、听第二遍录音，选择正确答案。

1. 关于弗兰克·凯利教授的描述，以下哪项不正确？（D）
2. 关于 1952 年 12 月 5 日的毒雾事件，以下哪项不正确？（C）
3. 关于伦敦的描述，以下哪项不正确？（D）
4. 关于《清洁空气法案》，以下哪项不正确？（A）

三、听第三遍录音，根据新闻内容填空。

2008 年 9 月份，北京的空气质量还算比较好，原因是：

1. 交通限行
2. 生产限时

15 私人定制

目标	通过本课的学习，学生可掌握生活类新闻报道常用的句式和词汇，能听懂关于服装、消费等方面的新闻，知道在某些行业出现了“私人定制”这一特殊的服务方式，并能理解和分析这一服务方式产生的原因和特点。
语言点	怎么个……法；直到……为止；供……参考
新闻常用表达	意味着；走下神坛；从……到……不等；洗牌；带着疑问

预听　在哪儿买衣服

如果你想买衣服，你会去哪儿买？在如今这个信息科技高速发展的时代，越来越多的人选择在网上买衣服。请听录音《在哪儿买衣服》。

男：圆圆，你一般都在哪儿买衣服啊？我想给我女朋友买件大衣。

女：我一般都在网上买。网上的衣服无论款式还是价格，选择余地都比较大。网上购物能最大程度地实现自主选择。

男：我总觉得在网上买衣服，看不见摸不着的，很难找到合适的。

女：网上卖的衣服，不仅有图片，而且有详细说明，尺寸、颜色、款式等一目了然，甚至还会提供一些裁剪的细节照。买到后就算不合适，退换货大多也有保障。很多网店都提供七日之内免费退换货服务。

男：退换货太麻烦了。最好还是一次就买到最合适的。

女：那你可以选择网上定制服装的服务。有一些比较精致的服装品牌能提供网上私人定制服务。我前两天刚在一家网店里定了一条连衣裙。

男：这个我倒没听说过。怎么个定制法？

女：很简单。你就在网上跟那个服装店的客服联系，告诉他你想要定制衣服，然后把你自己的各项尺寸告诉他，比如身高、臂围、腰围什么的。

男：那款式和颜色呢？怎么选择？

女：他会向你提供一些图片，让你选择喜欢的款式和颜色。如果不满意，你还可以要求他修改，直到满意为止。

男：这种服务听起来非常人性化啊！

女：当然！你去一般的裁缝店做衣服可没那么随心所欲，一会儿换个领子，一会儿换个下摆，裁缝师傅可没那么多时间。在网上定制你有什么要求都可以提，客服会及时制作效果图供你参考。

男：听起来很不错啊！那你把那家网店的网址告诉我，今晚我也试试，给我女朋友定制一件大衣。

一、听第一遍录音，判断正误。

1. 男的想给女的买一件衣服。（×）
2. 男的经常在网上买东西。（×）
3. 女的认为，在网上买衣服有更多选择。（√）
4. 网店很少提供免费退换货服务。（×）
5. 男的希望一次就买到合适的衣服。（√）
6. 女的认为，私人定制衣服能满足男的的需求。（√）
7. 女的从来没尝试过私人定制。（×）
8. 与网上定制衣服相比，裁缝店的服务更人性化。（×）
9. 在网上定制衣服，你可以看到效果图。（√）
10. 男的对私人定制衣服很感兴趣。（√）

二、听第二遍录音，根据内容回答问题。

1. 男的想买什么？

大衣。

2. 女的认为在网上买衣服有什么好处？

网上的衣服无论款式还是价格，选择余地都比较大。

3. 女的前两天刚买了什么？怎么买的？

连衣裙；网上私人定制。

4. 想在网上定制衣服，你应该怎么做？

在网上跟服装店的客服联系，告诉他你想要定制衣服，然后把你自己的各项尺寸告诉他，选择喜欢的款式和颜色。如果不满意，你还可以要求他修改，直到满意为止。

5. 男的最后决定做什么？

今天晚上他也要试试在网上买衣服，给女朋友定制一件大衣。

三、参考下列词语，说说在网上买衣服的好处。

（略）

精听　私人定制服装走进百姓家

如果说，私人定制服装在以前只是有钱人的游戏，那么现在它已经为普通人所熟悉并使用了。你了解私人定制服装吗？你想做一件融入了你自己想法的衣服吗？请看新闻《私人定制服装走进百姓家》。

如果说T台上那些价格不菲的高级定制时装离我们百姓的生活有点儿远的话，那现在越来越多的适合不同的场合，有着多种档次选择的个人定制服装已经走进了我们普通百姓的生活。

精致的手工，炫目的设计，有人说高级定制意味着奢华的制高点，而如今定制也已走下神坛，走进了百姓的生活。“我身上的这件西装就是我在一个礼拜之前定制的，由于是量体裁衣呢，大家可以看一下它的大小非常的合适，而这件西服的设计也融入了我自己不少的想法，像这个下摆就被设计成了荷叶边的样子，在体现职业感的同时呢也增添了几分女性的柔美。”

“每一件衣服都是一个艺术品，而且是独一无二的，跟品牌是不一样的，品牌作为设计师来说，你不一定能见到顾客，但是高级定制的设计师完全是跟客人是面对面的。”记者发现，定制服装的制作工序其实非常烦琐。定制之前设计师不仅要和顾客沟通，还要了解他们的性格、个人喜好等，接下来才是量体裁衣。定制服装的周期短的为一个月，如果工艺复杂则要长达数个月。价格也因面料和制作工艺的不同从几百元到上万元甚至几十万不等。

杨利告诉记者，自己的工作室现在固定客户已经有400多人，这些中既有艺人、主持人，也有普通老百姓。在这家工作室，我们就遇到了前来定制服装的余先生，他是一位画家，因为经常要参加一些活动，大多数的衣服都是定制的。“有很专业的技师和设计师来为你的想法服务，这样的话你就可以把你自己的概念，比如喜欢哪儿宽一点儿或者哪儿摆斜一点儿，这样的话可以把你的想法变成现实。”

据不完全统计，目前仅北京市就有近 300 家的设计工作室从事服装定制业务。精致的面料，个性化的设计，再加上精雕细琢的工艺，越来越被消费者所接受。“随着我们这个人们收入的增加，生活水平的提高，人们这种表现自我，对于流行的这种多元化需求实际上是不断地在增长。”

一、看第一遍新闻，选择正确答案。

1. 关于如今的个人服装定制，说法正确的是什么？（B）
2. 关于记者穿的西装，下面哪个说法正确？（A）
3. 高级服装定制的价格，会因为什么而变化？（D）
4. 根据这段新闻，定制一件衣服和购买品牌的衣服最大的不同是什么？（D）
5. 余先生是做什么的？（B）
6. 个人定制服装业越来越被消费者所接受的原因有什么？（C）

二、看第二遍新闻，根据新闻内容填空。

我身上的这件西装就是我在一个礼拜前定制的，由于是量体裁衣呢，大家可以看一下它的大小非常的合适，而这件西服的设计也融入了我不少的想法，像这个下摆就被设计成荷叶边的样子，在体现职业感的同时呢也增添了几分女性的柔美。

三、给下列句子排序。

（2）	A. 这一系列产品与以往不同的是：一是强调时尚，二是面向年轻消费者，三是性价比更高，可以说面向大众消费是一个很大的变化。
（4）	B. “这些产品的价位每瓶在 100 元左右，在糖酒会上将针对这些产品进行招商，希望更多的经销商来关注。” 孙健说。最近的调查数据显示，在中国葡萄酒消费结构中，100 元上下的葡萄酒占据了 70% 以上的市场份额，成为市场最主流的价位。
（1）	C. 某葡萄酿酒股份有限公司副总经理孙健在接受《中国经营报》记者专访时表示，今年将推出面向中低端的 17 个系列产品。
（3）	D. 随着消费结构的变化，葡萄酒行业开始走下神坛。各厂家都推出了性价比较高的葡萄酒，目的就是让老百姓都喝得起。

四、看第三遍新闻，根据下列提示简述新闻要点。

（略）

泛听　定制体验：你要怎样旅游

你喜欢由导游为你制定所有的旅游路线，还是完全按照自己的想法安排一次旅游？请听录音《定制体验：你要怎样旅游》。

10 月 1 日生效的《旅游法》实施已经两个月，由于立法禁止了旅行社通过安排定点购物和另行付费旅游项目获利的经营模式，引发旅游市场“洗牌”，不少传统旅行社团队报名人数大幅下降。面对挑战，传统旅行社也在积极寻找应对方法，特色定制服务就是其中一种。

定制旅游到底如何操作？其与常规旅游有何不同？带着疑问，《信息时报》记者以普通市民身份在一个旅游俱乐部做了一次体验。在这里，记者填了一份“VIP 定制旅游服务需求表”，这份表除了姓名、联系方式等常规选项，还要填写非常具体的要求，包括个人兴趣爱好、出游日期、出游目的地、航班时间、预算、导游类别（比如幽默型、知识型、保姆型）等。此后将有客服进行“一对一”甚至上门旅游定制服务。

记者提出自己想在春节前后到暖和一些的地方旅游，工作人员为记者推荐了南非、新西兰、澳大利亚等长线游和东南亚海岛线路。“像到阿尔卑斯山，一般会是坐火车到山腰观光滑雪，如果游客想有领队带领徒步上山或直接坐直升飞机，我们也可以安排。”工作人员称，定制服务尽量满足游客各种要求，而且时间自由安排，5 天、10 天，甚至 15 天都可以。

对于私人定制旅游，有市民表示很感兴趣，但也有市民担心价格很贵。据调查，从目前的市场情况来看，开展定制旅游的人群主要以 40 岁到 60 岁的消费者为主，此类人群一般有着一定的经济基础和丰富的旅行经验，对旅游有着清楚的自我理解及个性需求，往往喜欢追求稀缺的旅游资源及希望获得突破常规的旅游体验。

一、听第一遍录音，概括大意。

定制旅游到底如何操作？先要填写一份“VIP 定制旅游服务需求表”，除了姓名、联系方式等常规选项，还要填写非常具体的要求。此后将有客服进行“一对一”甚至上门旅游定制服务。定制服务的优点是会尽量满足游客各种要求，而且时间自由安排。

二、听第二遍录音，选择正确答案。

1. 旅游市场"洗牌"的原因是什么？（A）
2. 传统旅行社如何面对"洗牌"的挑战？（D）
3. 人们去阿尔卑斯山旅游时，一般怎么上山？（C）
4. 下面哪个年龄的人最有可能选择私人定制旅游？（C）
5. 私人定制旅游的人群一般有什么特点？（B）
6. 根据新闻，对于从事私人定制旅游的工作人员来说，什么能力最重要？（D）

三、听第三遍录音，将"VIP 定制旅游服务需求表"中会出现的项目都列出来。

VIP 定制旅游服务需求表			
姓名		联系方式	
兴趣爱好		出游日期	
目的地		航班时间	
预算		导游类别	

小测验（三）

一、听第一篇新闻，选择正确答案。

网络流行语谁知道

旧的一年匆匆而去，时间之快，总是让人忍不住唱起“时间都去哪儿了”。去年的网络流行语，你知道吗？近日，记者随机采访了我市市民，看看他们在日常生活中是否经常使用现在非常流行的网络语言，到底哪句才是他们的“菜”，他们是否知道网络流行语的真正含义和由来呢？

20 岁左右的年轻女孩儿刘红说：“我经常和好朋友聊天，谈起生活，聊起八卦，我们最爱说‘且行且珍惜’，用此来感叹一下生活的变化，提醒我们要珍惜眼下的生活。要是和很多朋友在一起聊天，我们会用‘你这么调皮，你家人知道吗’这句话互相调侃。”

了解了年轻人使用网络流行语的情况，我们再来看看其他年龄段的市民到底知道哪些流行语？记者采访了一位 40 多岁的建筑工人张新芳。他说：“现在很多人常说的流行语，我都不知道是怎么来的，只听到大家都在说。开始不知道那些词是啥意思，听多了也就大致明白了，和朋友在一起开玩笑时也能说个一两句，比如‘有钱就是任性’‘你造吗’‘现在整个人都不好了’……”

退休职工王建福笑着说：“我现在退休了，在家就是帮子女带孩子，偶尔也能听见子女形容自己的孩子‘萌萌哒’。我就好奇地问他们是什么意思，他们就大致给我解释一下，不过我只知道‘萌萌哒’是可爱的意思，具体是怎么来的就不知道了。但我觉得现在的流行语非常有意思，有时也会学着用一两句，方便和年轻人交流。”

这些网络流行语为人们的生活增添了许多乐趣，一定程度上反映了社会生活的变化。今年的流行语依然给力，它们作为文化符号的一种，是反映社会生活的晴雨表，有着源源不断的生命力。新鲜、充满活力的网络热词通过词义扩大、引申，不断推陈出新，正在以越来越快的速度逆袭报纸、广播、电视等主流媒体，折射出当下社会现象和热点话题。

1. 这段话中，“到底哪句才是他们的‘菜’”中的“菜”指的是什么？（D）
2. 在这次采访中，记者最可能问市民的问题是什么？（A）
3. 根据这段话，下列哪项最可能是年轻人常用的网络流行语？（D）
4. “且行且珍惜”常用来感叹什么？（B）

5. 根据这段话，下列哪项符合建筑工人使用网络流行语的情况？（C）

6. “萌萌哒”用来形容一个人怎么样？（C）

7. 这段话中的退休老人觉得网络流行语怎么样？（C）

8. 关于网络流行语，下列说法哪项正确？（B）

二、听第二篇新闻，判断正误。

元旦旅游市场调查

这个元旦，市民们感觉与平时周末并无太大差别。由于年底工作任务重，不少上班族无法像中秋、端午等节假日，通过请年假来拼假。另一方面，临近春节假期，大多数市民也把旅行计划定在了春节长假。因此，传统旅行社的生意并不火爆，许多旅行社设置的长线旅游项目更是无人问津。

“像元旦这种小长假，长线旅游市场并不吃香，我们也并不打算做大规模的比拼。”市区一位旅行社的工作人员告诉记者，今年元旦主打周边城市、港澳等短途旅游项目，不过在整个元旦平和的旅游大环境下，港澳游的价格并没超过平时，基本与周末的价格持平。

即便价格不涨，市民对于传统旅行社的消费热情依旧不温不火。市民王先生表示，三天假期时间紧凑，到旅行社报团不实际，自己更愿意把元旦当作休整期，“而且现在高铁开通了，要去省内旅行也很方便，去旅行社报团还要受到时间、路线的限制，吸引力不大”。面对这样的情况，市区不少旅行社除了一些常规的热门旅游线路，并没有推出有关元旦的营销线路，更多的是打算将新旅游产品放在春节长假推出。

事实上，给传统旅行社带来更大压力的是近年来在线旅行社的发展势头。近日，在国务院切实落实带薪休假制度的带动下，市民度假旅游消费心理日益理性，自驾游、自由行越来越多，旅游市场逐渐向散客旅游转变。

随之而来的是个性化、多样化的旅游需求。“大家不再局限于以前那种走马观花看风景的旅游模式，而是希望深入了解当地的风土人情，崇尚更为随性、休闲、高端的旅游。”一位业内人士认为，如今市民旅游消费习惯已发生深刻的变革，作为新兴产业的在线旅行服务，也瞄准了个性化散客市场，提供机票、火车票、租车、酒店、景点门票等多方面的服务，满足游客的多样需求，同时在线旅行网站经常推出各类促销优惠，比如领红包抵消旅游产品部分价钱、发微信朋友圈向朋友讨盘缠等各种强调与消费者互动的营销模式，颇受年轻消费者的喜爱。

9. 很多人在元旦的时候请年假。（×）

10. 元旦期间传统旅行社的长线旅游项目很火爆。（×）

11. 元旦期间的港澳游价格和周末的价格差不多。（√）

12. 有的市民更愿意在元旦假期坐高铁到省内旅行。（√）

13. 新的旅游产品将在春节长假推出。（√）

14. 市区很多旅行社推出了元旦的营销路线。（×）

15. 在线旅行社给传统旅行社带来了很大的压力。（√）

16. 现在人们对旅游的个性化、多样化需求在增加。（√）

17. 在线旅行网站一般只提供订机票和酒店的服务。（×）

18. 在线旅行网站的营销模式很受年轻人的欢迎。（×）

三、听第三篇新闻，选择正确答案。

“私人定制”正在改变贵州茶叶传统产销模式

“只要每年支付 800 元，就能拥有自己专属的茶园。我们现在的私人定制茶园的生产方式，非常受顾客欢迎。”贵州省春天茶业的赵经理兴奋地说，接下来，他要和茶农们加快推广这种新的种茶、卖茶方式。

“好山好水出好茶，但就是卖不上好价格。”春天茶业的赵经理说，由于缺少品牌知名度，当地茶农以前卖春茶主要是茶青，也就是刚摘下来没有加工的叶子，夏秋茶利用较少，茶农收入有限。赵经理 10 多年前开始经营茶叶时，就一直琢磨怎样提高茶叶的附加值，但是由于茶叶的品牌不响，市场的接受度不高。

随着人们生活水平的提高，为适应消费者对绿色食品的需求，从 2015 年开始，赵经理在自己的茶园里建起了实时视频系统，并通过手机微信将茶园生产的实时动态画面发布出来。

“把电子眼和互联网技术应用于茶叶生产加工之中，不仅有利于管理，提升茶叶质量安全，还能让广大消费者参与、监督生产过程，提高对产品的信任度。”他说，有了品质的保障后，又开始推出“私人定制茶园”模式。

“以前是茶叶采摘时找销路，现在是茶园根据客户要求生产；以前茶叶是按斤卖，现在是按亩卖。”赵经理解释说，全国各地的客户只要每亩支付 800 元的年费、365 元的管理费，平时由公司按照统一标准管理，客户支付一定的采摘工资、加工费、肥料钱，就可收获这亩茶园的所有茶叶，“要绿茶，还是要红茶，客户说了算”。

赵经理说，按照这种生产方式，一亩茶叶能卖到 5000 元以上，比传统茶农单卖茶青的方式要增收 1000 元以上。

据了解，贵州春天茶业今年要拿出 3000 亩的茶园采取“私人定制”，目前已有北京、成都、山西、山东等地的客户签订了协议。

“通过这种方式种出的茶，我们放心。”代表某文化传媒公司签订协议的夏经理说，她的很多朋友也都想定制茶园。

如今，在贵州茶区，类似这种“私人定制”的生产方式越来越多。“尝到了甜头，附近的茶农都追着我，要把茶园转给公司来按照私人定制模式运作。”赵经理说，这种模式为茶业发展提供了新的机遇，相信这条路会越走越宽。

19. 新闻中提到的茶园位于哪个省？（A）

20. 根据新闻，“茶青”是指什么？（B）

21. 以前春天茶业的茶为什么卖得不好？（D）

22. 2015 年开始，春天茶业的赵经理在自己的茶园建起了什么？（A）

23. 现在春天茶业的茶园最大特色是什么？（B）

24. 下面哪项不是客户需要支付的钱？（D）

25. 按照新的生产方式，一亩茶叶能卖到多少钱以上？（D）

26. 根据这段新闻，顾客觉得这种茶叶生产方式怎么样？（C）

四、听第四篇新闻，填空。

“APEC 蓝”

亚太经合组织（APEC）北京峰会期间，北京空气清新、质量优良，给人们留下了深刻的印象，“APEC 蓝”一词应运而生。如今，“APEC 蓝”的寓意已从对美好而短暂事物的憧憬，变成建设“美丽中国”形象的奋斗目标。

“APEC 蓝”得益于“人努力天帮忙”，得益于超常规减排措施的全面实施，得益于全社会上下的共同参与。会议期间，北京市使出“浑身解数”：机动车限行、工业企业停限产、建筑施工工地停工、职工休假等。

“APEC 蓝”是特殊时期内最高级别、最强力度的清洁空气行动实践。尽管停产、放假的临时举措不可长期持续，但减排、治污的正确方向要持之以恒。

正如习近平主席在APEC会议上所期待的："北京乃至全中国，都能够蓝天常在，青山常在，绿水常在，让孩子们都生活在良好的生态环境之中。"未来，北京市将继续全力以赴地打好大气污染防治这场硬仗，持续地推进清洁空气行动计划的实施，通过不懈努力让短期的"APEC蓝"变为持久的"常态蓝"。

五、听第五篇新闻，填空。

中俄经济合作新领域

在几天前俄罗斯大使馆举行的新闻发布会上，俄罗斯大使对色彩艳丽、口味独特的紫薯赞叹有加。"很遗憾，在俄罗斯几乎没有人认识紫薯，也品尝不到它的美味，不过我想我们国家还是有适合这种作物生长的地方。"他说。

借助小小的紫薯，俄罗斯大使对俄中农业合作进行了展望，"过去，农业在两国合作中的地位微乎其微，但双方未来一定能够找到更多的项目"。

根据中俄总理会晤联合公报，双方确定在农业领域最有前景的合作方向，积极致力于扩大农产品贸易。俄罗斯面积辽阔、劳动力缺乏，中俄农业合作互补性强。专家认为，除传统的劳务输出以外，中国企业应该积极寻找商机，通过扩大对俄投资，不断提高双方农业合作水平。

同时，俄罗斯市场正吸引中国众多汽车巨头纷纷前往淘金。继长城、力帆后，华泰汽车日前也宣布有意在俄建厂。其中，长城汽车在图拉州的工厂将是中国汽车企业在俄首家涵盖冲压、焊装、涂装和总装等四大生产工艺的整车制造厂。项目总投资5亿美元，投产后年产量将达15万辆整车。

此外，中俄还商定继续研究构建"中国（北京）至俄罗斯（莫斯科）欧亚高速运输走廊"，确保在优先实施的"莫斯科至喀山"高铁项目上展开全面合作。

16 变化中的世界格局

目标	通过本课的学习，学生可掌握国际新闻报道常用的句式和词汇，听懂关于国际合作与分歧的新闻，了解不同国际组织产生的背景和意图，能搜集各种国际合作的案例并对其进行分析和报告。
语言点	话说……；不出；且不说
新闻常用表达	按照惯例；是……而非……；日前；时任；以……著称

预听　“金砖五国”是什么

你了解各种国际组织吗？在合作求发展的国际社会中，国际组织显示出了越来越大的影响力。请听录音《“金砖五国”是什么》。

男：你知道“金砖五国”是哪五国吗？

女：我听说过“金砖四国”，怎么又出了个“金砖五国”？

男：“金砖四国”是指巴西、俄罗斯、印度和中国。南非加入后，就成了“金砖五国”。“金砖”这个名字，正来自于这五个国家英文名的首字母。

女：原来是这么回事。话说现在各种国际组织林林总总，想搞清楚还真不容易。

男：别的国际组织我不知道，但这个“金砖五国”，我还是挺关注的。这五个国家分布在四大洲，拥有世界上40%的人口，在目前的经济增长中占据的比例达45%。有人说，不出十年，这五个国家的经济产出总量会比发达国家的经济产量之和还要多。

女：那倒是。这五个国家的确有很多共同之处。不过除了你说的，它们还有一个共同的问题，就是疆土广阔、贫富不均。

男：正是因为这些共同的优势和问题，“金砖五国”才更有合作空间。比如最近在G20会议间歇，“金砖五国”的财长就共同呼吁应将世界银行行长的位置开放给所有国家，而不仅仅是美国。

女：我也看到这条新闻了。不知道这一呼吁会有什么结果。

男：结果如何且不说，这至少说明五国基于共同利益，已经在世界舞台上发声了。

女：能在世界舞台上发声的组织越多，越有利于世界整体格局和谐、有序地发展。我最近还在网上看到了一个新的说法叫“金币四国”，也叫“薄荷四国”。这四国指的是墨西哥、印度尼西亚、尼日利亚和土耳其。“金币四国”被视为有着巨大潜力的经济体，将来应该也会在世界舞台举足轻重。

男：对！随着这些新兴经济体的不断壮大，世界政治、经济格局肯定会发生明显的变化。

一、听第一遍录音，判断正误。

1. 女的只听说过“金砖四国”。（√）
2. 女的认为国际组织太多了，她一点儿都不感兴趣。（×）
3. 男的对“金砖五国”非常关注。（√）
4. 男的非常看好“金砖五国”的经济发展前景。（√）
5. 女的认为贫富不均是“金砖五国”最大的劣势。（×）
6. “金砖五国”的财长最近呼吁更换世界银行行长。（×）
7. 男的认为“金砖五国”财长的呼吁得以实现的可能性很大。（×）
8. 女的对“金币四国”一无所知。（×）
9. 对于“金币四国”的发展，男的不太看好。（×）
10. 这两个人都对国际组织的产生和发展持支持的态度。（√）

二、听第二遍录音，填写表格。

国际组织名称	国家名称
金砖四国	巴西、俄罗斯、印度、中国
金砖五国	巴西、俄罗斯、印度、中国、南非
金币四国（薄荷四国）	墨西哥、印度尼西亚、尼日利亚、土耳其

三、听第三遍录音，根据下列提示简述内容要点。

（略）

精听　谁是下任世行行长

以欧美为主导的世界金融体系已经运转了半个多世纪。它是否仍然符合当今世界的发展需求？是否有改革的声音出现呢？请看新闻《谁是下任世行行长》。

今年 4 月，世界银行即将选举新行长。如果是按照惯例，另一位美国人毫无疑问将接替佐利克。不过日前，“金砖五国”的财长们却在 G20 会议的间息发出了另一个声音，美国人不应该继续独占这个位置。这一职位应该开放给所有国家，呼吁甄选流程应基于能力而非国籍。

现任世界银行行长佐利克将于 6 月卸任，3 月 23 号是下任行长提名的截止日期。以世界银行和国际货币基金组织为代表的欧美主导的世界金融体系已经运转了半个多世纪。佐利克即将离职，再次导致了人们对于世界金融机构领导人国籍问题的争议。

1945 年，欧洲和美国之间达成默契协议，世界银行行长由美国人担任，国际货币基金组织总裁则由欧洲人担任。这一所谓“绅士协议”在金融危机中受到了考验。在国际货币基金组织前总裁卡恩仓促离职所引发的候选人之争中，新兴经济体国家就希望候选人的甄选是基于能力而非国籍。日前，美国已经宣布将提名新的美国候选人。而据路透社报道，“金砖五国”财政部长在 G20 会议间歇召开小组会，要求未来世界银行行长不应该继续只是美国人，并一致同意世行行长人选应向全球所有国家开放。到目前为止，“金砖五国”还没有提出自己共同的候选人，而经过媒体罗列的世行行长人选则是清一色的美国政界官员。佐利克在接受采访时也表示，自己青睐美国人担任下任行长一职。

一、看第一遍新闻，选择正确答案。

1. “金砖五国”财长们发出的“另一个声音”是指什么？（C）
2. 下任世行行长的提名截止日期在几月？（A）
3. 什么事件再次导致了关于世界金融组织领导人国籍问题的争议？（B）
4. 关于下任世行行长的候选人，说法正确的是什么？（D）
5. 关于国际货币基金组织的总裁，说法正确的是什么？（C）
6. 根据这个新闻，“金砖五国”更看重新任世行行长的什么？（B）

二、看第二遍新闻，根据新闻内容回答问题。

1. 目前的世界金融体系以什么为代表？

   世界银行和国际货币基金组织。

2. 1945 年，欧洲和美国之间达成的默契协议主要是指什么？

   世界银行行长由美国人担任，国际货币基金组织总裁则由欧洲人担任。

3. 这一默契协议在什么时候受到了考验？

   金融危机。

4. 佐利克更倾向于由什么人担任下任行长？

   美国人。

三、用所给句式和词语改写新闻。

1. 国际货币基金组织（IMF）和世界银行春季会议将于 4 月 11 日至 13 日在华盛顿举行。按照惯例，会前 IMF 都会发布《世界经济展望报告》，这次也不例外。4 月 8 日，IMF 在华盛顿总部发布了最新一期《世界经济展望报告》。

2. 日前，美国海军研究实验室表示，他们已开发出一种利用海水所含成分合成燃油的示范性技术，并成功让一架飞机起飞升空，不过是模型飞机而非真实飞机。

四、讨论。

（略）

泛听 “金砖四国”概念之父再创“金币四国”概念

国际经济环境不断变化，新的经济体国家总是在不断产生、壮大。请听录音《“金砖四国”概念之父再创“金币四国”概念》。

2001 年末，时任高盛公司首席经济学家的吉姆·奥尼尔首次在报告中使用了“金砖四国”（BRIC）这一概念，当时指正在崛起的巴西、俄罗斯、印度和中国四国。2010 年南非正式加入，“金砖四国”变为“金砖五国”，并更名为“金砖国家”。

十几年来，“金砖国家”以令人头晕目眩的高速经济增长、丰富的原材料资源和人口红利著称，吸引着投资者的目光。但近年来，“金砖国家”的发展速度受到各种因素的限制，经济增长明显减速。因此，很多投资者已经在四处寻找其他新兴市场，这些国家被称为“前沿国家”，他们的经济总量小于“金砖国家”，但具备更大增长潜力。

吉姆·奥尼尔也在寻找这样的国家。他表示：“目前，我正研究新的‘金砖四国’——‘金币四国’（MINT），这些经济体得到的关注程度不应该比‘金砖四国’少。我预计这些经济体在未来 20 年将会有不错的经济表现，并且他们的经济前景较为乐观。”奥尼尔在自己的专栏中提出了“金币四国”经济体的概念，即墨西哥、印度尼西亚、尼日利亚和土耳其。“请称呼我们‘金币四国’或者‘薄荷四国’，”他写道，“金币四国值得受到同‘金砖国家’一样的重视，这些国家都有庞大的年轻人口，未来 20 年的经济增长可能会很强劲。”

奥尼尔当初曾因未将印度尼西亚纳入“金砖国家”而遭受批评。奥尼尔承认，对于印度尼西亚，他自己也没想到这个国家会对经济政策投入如此大的精力并能如此快速地提高自身的潜力。现在，奥尼尔显然试图通过创造“薄荷四国”来弥补这个错误，但他能否被视作这一概念的首创者还值得怀疑，因为另一名专栏作家指出，“薄荷四国”这一名称早在 2011 年就已使用过。

一、听第一遍录音，根据新闻内容连线。

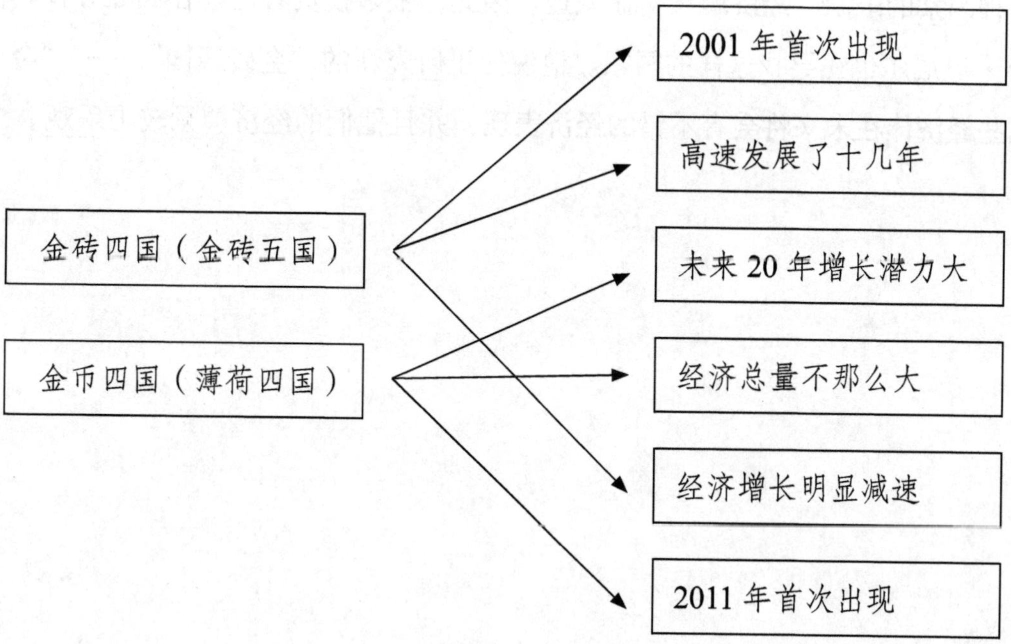

二、听第二遍录音，判断正误。

1. 吉姆·奥尼尔首次提出了“金砖四国”。（√）
2. “金砖国家”吸引投资者目光的，主要包括高速经济增长、丰富的原材料资源和人口红利。（√）
3. 目前，“金砖国家”的经济仍在持续高速增长。（×）
4. 所谓“前沿国家”，主要是指像“金币四国”这样的国家。（√）
5. 与提出“金砖四国”一样，吉姆·奥尼尔是在一篇报告中提出“金币四国”这一概念的。（×）
6. “金币四国”都具有庞大的中年人口。（×）
7. 未来20年，墨西哥的经济增长可能会很强劲。（√）
8. 吉姆·奥尼尔曾因为未将印度尼西亚放入“金币四国”而遭到批评。（×）
9. 印度尼西亚政府并未对经济政策投入太多精力。（×）
10. 关于“金币四国”概念的首创者是谁，业界仍有争议。（√）

三、听第三遍录音，根据新闻内容填空。

十几年来，“金砖国家”一直吸引着投资者的目光。但近年来，“金砖国家”的发展速度受到各种<u>因素</u>的限制，经济增长明显<u>减速</u>。因此，很多投资者已经在<u>四处</u>寻找其他新兴市场。吉姆·奥尼尔也在<u>寻找</u>这样的国家。他说他正<u>研究</u>新的“金砖四国”——“金币四国”。他预计这些经济体在未来将会有不错的经济表现，并且他们的经济<u>前景</u>较为<u>乐观</u>。

17 国产电影的“逆袭”

目标	通过本课的学习，学生可掌握娱乐新闻报道的常用句式和词汇，听懂电影、电视、音乐等方面的新闻报道，能搜集并播报与当前娱乐文化相关的新闻。
语言点	绝不 / 绝没……；动辄……；固然……，但 / 不过 / 可是 / 却……
新闻常用表达	较（之）去年（……），……；以……速度……；不唯……；兼；不折不扣

预听　中国电影和电影中国

在中国的电影市场中，是国产电影还是外国电影更占优势？中国在世界电影业中有什么样的影响？请听录音《中国电影和电影中国》。

男：周末去看电影吧。

女：好啊。不知最近上映什么新片。

男：正在上映几部国产片，很不错，有没有兴趣？现在国产影片的票房绝不比进口影片差。

女：对，以前是进口影片独霸天下，一些好莱坞大片动辄就有上亿的票房，电影院黄金时间的电影大多数是外国电影，国产电影则大多是在白天或者半夜里放，悬殊实在太大。但现在国产影片越来越争气，有的国产片票房甚至超过进口片了，这叫“逆袭”。

男：当然，主要是现在中国的新生代导演成长起来了，厚积薄发，他们了解我们老百姓，特别是年轻人的生活，拍的电影“接地气”。

女：是，上次咱们看过的《中国合伙人》据说票房过了5亿呢。当时我就觉得不错，男主角经历过的时代我们都经历过，他的尴尬、艰辛和欢乐属于我们这一代人。以校园创业为题材的励志电影很多，比如《社交网络》，但只有融入了中国历史和文化，反映中国现实生活的电影才会在中国取得不错的票房。

男：外国电影技术发达、市场成熟，固然有不少优势，但想保持其竞争力就不得不考虑中国观众的心理需求，所以越来越多的外国电影开始融入中国元素。比如电影《变形金刚4》中的故事就发生在中国，还有中国演员参与演出呢。

一、听第一遍录音，判断正误。

1. 以前的电影院很少放外国电影。（×）
2. 国产电影以前大多是在电影院的黄金时间播放。（×）
3. 现在中国新生代导演的电影比较贴近老百姓真实生活。（√）
4.《中国合伙人》是一部好莱坞电影。（×）
5. 以创业为题材的电影都有不错的票房。（×）
6. 国产电影的技术发达，有很强的竞争力。（×）
7. 现在越来越多的外国电影开始融入中国元素。（√）
8. 说话人打算以后只看国产电影。（×）

二、听第二遍录音，回答问题。

1. 根据对话，现在国产电影的票房怎么样？

   国产电影票房不比进口电影差，有的甚至超过了进口片。

2. 根据对话，为什么《中国合伙人》的票房很好？

   反映了年轻人的生活。

3. 根据对话，外国电影的优势是什么？要想在中国市场取得票房应该做什么？

   外国电影的优势是技术发达、市场成熟。要在中国市场取得票房应该考虑中国观众的心理需求，融入中国元素。

三、讨论。

（略）

精听　中国电影“逆袭”成功

看电影是现代人最重要的休闲娱乐方式之一。近年来，新的电影院如雨后春笋般在中国各地随处可见，迅速增多的大银幕使电影市场的竞争日益激烈。在这一竞争中，国产电影的表现如何？请看新闻《中国电影"逆袭"成功》。

根据相关数据，2013 年上半年中国的电影票房达到了 109.94 亿元，其中中国国产票房达到了 68.5 亿元，力压进口影片的 41.44 亿元，较之去年进口影片一枝独秀，今年国产影片实现了一次成功的"逆袭"。

2013 年国产影片接连发力，大量中小成本影片以"接地气"的题材、吸引人的故事和独特的讲故事手法，创造了一个个观影热潮，也造就了像薛晓璐、徐峥等一批新生代导演。

业内人士分析，这源于新生代导演的厚积薄发，随着中国电影观众的平均年龄正在逐年下降，这些年轻导演可能更了解观众的所想所思，此外，影院硬件以及消费人群的高速发展也助推了票房。

据统计，2013 年上半年，中国电影银幕以每天 12.5 块的速度飞速增长，2010 年至 2012 年，中国电影观影人次每年增加 30% 以上，看电影成为很多年轻观众固定的文化消费习惯。不过，一些国产影片虽然票房可观，但影片质量、所表现的价值观等却引发争议。

"老想做大杂烩，用多种商业元素来欺蒙观众，我觉得这种做法就是一个创作上的短视，有市场，不唯市场，重在口碑、票房双优，才是中国电影真正的出路。"

业内人士认为，一个真正成熟的电影市场提供给观众的选择往往是多元化的。专家提醒，中国电影人应理性看待当前国产影片票房火爆的现象，一次"逆袭"不代表国产影片从此超越进口大片，一个题材火爆也不代表整个市场都飞速发展，国产影片的健康发展仍需所有电影人的精心培育。

一、看第一遍新闻，选择正确答案。

1. 2012 年中国电影市场怎么样？（D）
2. 关于 2013 年国产电影，下列说法哪项正确？（C）
3. 根据新闻，中国电影观众发生了什么变化？（A）
4. 根据统计，2013 年上半年，什么的数量增长迅速？（A）
5. 一些国产电影的哪一方面引发了争议？（B）
6. 专家认为一个真正成熟的电影市场是什么样的？（A）

二、看第二遍新闻，根据新闻内容填空。

根据相关数据，2013 年上半年中国国产电影票房达到了 68.5 亿元，<u>力压</u>进口影片的 41.44 亿元，实现了国产影片的一次<u>成功"逆袭"</u>。

2013 年大量国产中小成本影片以"接地气"的题材、吸引人的故事和独特的讲故事手法，创造了一个个观影热潮。这也源于新生代导演的厚积薄发，他们更了解观众的所想所思。

据统计，2013 年上半年，中国电影银幕以每天 12.5 块的速度飞速增长。看电影成为很多年轻观众固定的文化消费习惯，不过，一些国产影片虽然票房可观，但影片所表现的价值观却引发争议。

一次"逆袭"不代表国产影片从此超越进口大片，一个题材火爆也不代表整个市场都飞速发展，国产电影的健康发展仍需所有电影人的精心培育。

三、用所给句式和词语模仿造句。

1. 今年来华留学生人数达到 32 万，较之去年增长了 13%。最近 5 年，来华留学生人数以每年 11% 的速度快速增长。
2. 有一些电视节目虽然收视率很可观，但质量上却存在问题。有收视率，不唯收视率，重视收视率的同时也要重视电视节目的质量，节目应该内容丰富、健康向上。

四、看第三遍新闻，根据下列提示简述新闻要点。

（略）

泛听　看电影，养龙猫

电影对人的影响很大，一个人可能会因为电影爱上一个地方，或者讨厌一类人。你听说过有人因为电影而痴迷于一种动物吗？请听录音《看电影，养龙猫》。

龙猫是日本著名漫画家宫崎骏的电影《龙猫》中的主角，他笔下的那只灰色龙猫体态肥胖、憨厚可爱。龙猫是日本民间传说中的动物。这个现实中在主人家笼子里活蹦乱跳的"龙猫"，实际上是老鼠的一种，它的学名叫毛丝鼠，20 世纪 70 年代才引入中国。

据说香港的一位龙猫饲养者兼宫崎骏粉丝因为毛丝鼠笨重可爱的样子像极了电影中的龙猫，因此将其命名为"龙猫"。随着宫崎骏漫画和电影的走红，龙猫成了宠物达人们的新宠。

正因为这部电影，杭州有个姑娘养了 120 只龙猫。2003 年，杭州的张女士看了漫画电影《龙猫》，从此就爱上了这个憨厚可爱的小东西，10 年来养了 120 多只龙猫，家里住不下她就专门租了一间 120 多平米的房子供龙猫们住。她为每只龙猫都取了名字，后来由于没有充足的时间照顾龙猫，6 年前，张女士辞了工作全职照顾它们，自称“龙猫小奶妈”。张女士说，自己过的也是朝九晚五的生活：每天上午来到出租房，傍晚才能回家。打扫龙猫的住所，喂食喂水，逗它们玩，有时候还要挨个给它们洗澡，基本上做完这些，一天就过去了。

这位龙猫达人对龙猫的生活习性非常了解，她说龙猫家族是母系社会，母龙猫较厉害，公龙猫是不折不扣的“妻管严”，就连吃饭，雄性一般也会先让给雌性。她还分享了一些挑选龙猫的经验，“先看毛发，有没有掉毛的情况，还一定要记得看龙猫的屁股，如果屁股不干净的话，这只龙猫可能得病了”。需要特别注意的是，龙猫都比较娇贵，抱它之前你得记得先洗手，不然它容易因为感染细菌而得病。

一、听第一遍录音，判断正误。

1.《龙猫》是一个日本电影的名字。 （√）

2. 龙猫是一种原产自日本的猫。 （×）

3. 香港有一位宫崎骏粉丝养了 100 多只龙猫。 （×）

4. 张女士专门租了一间房子供龙猫居住。 （√）

5. 现在张女士养龙猫最大的问题就是没有足够的时间照顾它们。 （×）

6. 在龙猫家族里，雄龙猫比较厉害。 （×）

7. 吃饭时一般是雄龙猫先吃。 （×）

8. 抱龙猫前一定要洗手，不然它们容易得病。 （√）

二、听第二遍录音，选择下列哪项符合张女士的情况。

张女士	（×）	从 2013 年开始养龙猫。
	（√）	因为喜欢看《龙猫》所以爱上养龙猫。
	（√）	给每只龙猫都起了名字。
	（×）	一直都没有工作。
	（×）	每天都给龙猫洗澡。
	（√）	对龙猫的生活习性非常了解。

三、讨论。

（略）

18 球场风云

目标	通过本课的学习，学生可掌握球类比赛新闻报道的常用句式和词汇，能够听懂有关新闻、记录重要信息并复述大意，能够在教师指导下完成搜集并播报当前球类比赛新闻的任务。
语言点	晋级……强；（只要）……即（能/可）……；重演……（的）一幕；双料……
新闻常用表达	……完成/组织……进攻；A 比 B 领先/落后、战成 A 比 B、将比分锁定在 A 比 B；易地再战/易边再战；凭借……得以……；（在）……之余；……，根本（的）原因在于……；从……扩展到……

预听　谁是冠军

“世界杯”“欧洲杯”是全世界足球迷的节日。每当这个时候，球迷们总是不愿错过每一场比赛，并希望自己支持的队获得冠军。请听录音《谁是冠军》。

男：昨天比赛看了吧？德国 2 比 1 取胜丹麦，小组赛三战全胜，晋级 8 强！

女：是啊，比赛踢得真精彩！丹麦队被分在实力这么强的“死亡之组”里，运气实在是太差了。

男：嗯，碰上德国、荷兰这样的强队，能取得这样的成绩已经不错了。要知道，德国队虽然只要踢平即能出线，但在场上踢得一点儿都不保守。

女：上半场丹麦扳平比分的那个进球我觉得特别棒，克隆·德利这个小个子前锋在德国两个大个子后卫的夹击下，头球射门，逆境反击，我以为要重演之前丹麦击败荷兰的一幕呢！

男：丹麦队表现虽然出色，但德国队可不是那么容易战胜的。你看下半场换上场的克洛泽，虽然已经是 34 岁的老将了，但拼抢还是那么积极，团队配合能力和个人能力都很强。正是他为队友创造的那个进球机会，将比分锁定在了 2 比 1。

女：那你觉得这届“欧洲杯”德国队能夺冠吗？

男：看德国队的小组战绩，三战全胜，而且是战胜了荷兰、葡萄牙这样的强队，绝对是冠军的有力争夺者。德国队曾经三次夺得“欧洲杯”，现在队里既有老队员作为核心，又有穆勒这样的后起之秀，我觉得前途一片光明。

女：我也认为德国队有实力，不过我还是更看好西班牙，作为“世界杯”和上届“欧洲杯”双料冠军得主，西班牙队气势更强。

男：历史上可还从来没有过同一个球队在这两个比赛中连续三次夺冠的情况发生呢！

女：那没准儿西班牙这次就要创造历史了！等着看吧！

一、听第一遍录音，选择正确答案。

1. 德国队一共进行了几场小组赛？（C）
2. “死亡之组”是什么意思？（A）
3. 丹麦队进球的队员是谁？（C）
4. 下面哪个队与德国队不在同一组？（D）
5. 关于西班牙的战绩，下面哪一项是正确的？（C）
6. 昨天进行的是什么比赛？（B）

二、听第二遍录音，判断正误。

1. 昨天的比赛中，丹麦队输给了德国队。（√）
2. 比赛中先进球的是丹麦队。（×）
3. 克隆·德利是丹麦队的后卫。（×）
4. 克隆·德利是用左脚射门的。（×）
5. 克洛泽是一名年纪较大的球员。（√）
6. 克洛泽在下半场进了一个球。（×）
7. 穆勒是一名比较年轻的球员。（√）
8. 说话的两个人都认为德国队能夺冠。（×）

三、听第三遍录音，填写表格并根据表格介绍比赛情况。

比赛双方		丹麦	德国
赛前形势		德国队只要踢平即能出线	
队员	姓名	克隆·德利	克洛泽
	表现	小个子前锋头球射门，扳平比分	老将拼抢积极，团队配合能力和个人能力都很强，为队友创造进球机会
比赛结果		德国2：1取胜，德国队小组赛三战全胜，晋级8强	

精听　德国全胜晋级　丹麦获得尊重

体育比赛中，胜利者固然能够得到观众的掌声和欢呼，但付出了同样努力的失败者也值得尊敬。请看新闻《德国全胜晋级　丹麦获得尊重》。

身穿白色球衣的德国队此前获得两连胜，本场只要踢平就能够出线，如果输球就有被淘汰的危险。当然，稳健的德国人不会让意外发生在自己身上。开场10分钟内，他们就在对方的禁区内完成了三次有威胁的进攻。其中，第7分钟，穆勒近在咫尺的攻门被安德森幸运地扑住。丹麦队的城池第18分钟被攻破，穆勒将球传到门前，戈麦斯打空，正好无人防守的波多尔斯基一脚怒射进网，德国队1比0领先。

先失一球，丹麦队很是被动，但是第一场击败荷兰队时，他们就是在很困难的情况下进球的，这似乎是这支球队的特质。6分钟之后，丹麦队获得角球，本特纳将球顶向门前，克隆·德利甩头一蹭，诺伊尔反应不及。进球的克隆·德利身高只有1米7，但是他却在两位身高1米90左右的后卫中间完成了致命一击。半场两队战成1比1平。

易地再战，丹麦队险些超出比分。本特纳回传，布尔森射门，稍稍偏出。第74分钟，德国队用克洛泽换下了戈麦斯。6分钟之后，这位34岁的老将吸引防守，后点的本德有机会轻松得分。最终德国队2比1战胜丹麦队，三战全胜强势晋级。而身处不利的“死亡之组”，丹麦队的顽强和努力值得钦佩。

“可以说，丹麦队在本届欧洲杯中的表现非常地出色，他们有足够的实力进军16强，但可惜他们身处的‘死亡之组’实在是太危险了。同时，我们在最后时刻也看到了非常感人的一幕。丹麦队员们集体走向了丹麦的球迷，丹麦球迷们也把歌声和掌声送给了他们的英雄。”

一、看第一遍新闻，将球员名字填入对应球队。

德国队：a. 穆勒 c. 戈麦斯 d. 波多尔斯基 g. 诺伊尔 i. 克洛泽 j. 本德

丹麦队：b. 安德森 e. 本特纳 f. 克隆·德利 h. 布尔森

二、看第二遍新闻，选择正确答案。

1. 要想出线，德国队本场比赛只需要取得怎样的成绩？（C）
2. 开场时比较占优势的是哪个队？（A）
3. 德国队的第一个进球发生在什么时候？（C）
4. 谁可能是德国队的守门员？（C）
5. 丹麦队布尔森稍稍偏出的射门发生在什么时候？（B）
6. 新闻认为，丹麦队被淘汰的原因是什么？（D）

三、给下列句子排序。

（3）	A. 两场半决赛，巴洛特利和拉莫斯分别是意大利和西班牙表现最为出色的球员。由于场上位置的特殊性，巴洛特利和拉莫斯不出意外都将出现在决赛的首发阵容中，两人的正面交锋将不可避免。
（1）	B. 欧洲杯决赛在即，意大利与西班牙继小组赛首轮以 1 比 1 战平 21 天之后，在决赛中再度相逢。
（4）	C. 此外，在本届欧洲杯中，巴神已经打入 3 球，若能在决赛中有所斩获，巴神将获得金靴奖。
（2）	D. 从 1988 年开始，欧洲杯每隔 8 年，决战对阵的两个对手就是同一小组的两只球队，这条定律似乎一直未被打破。

四、讨论。

（略）

泛听 “羽林争霸”为何这样火

羽毛球可能是中国最普及的体育项目之一。“羽林争霸”这一城市羽毛球团体比赛受到了广泛的关注。请听录音《“羽林争霸”为何这样火》。

2013年“羽林争霸”城市羽毛球团体赛正在激战当中。这项只有4岁的民间赛事，参赛人数由2010年的2500余人增长到今年的5万余人。“羽林争霸”赛的发展表明，业余赛事完全可以凭借市场运作得以生存、发展和壮大。

2013“羽林争霸”赛杭州赛区比赛日前开始。在众多的“草根”高手中，出现了一支来自杭州灵隐寺的僧人羽毛球队。“寺内有10多位师父在日常礼佛之余，把羽毛球当作自己健身的一项运动。”带队的大师说，寺内还建起了一座羽毛球馆，这算是“世界上离佛最近的羽毛球馆了”。开赛日，灵隐寺的师父们和国家羽毛球队的新生代小队员进行了一场友谊赛，比赛打得风生水起，引来了现场观众阵阵喝彩。

在人们印象里较为偏远的青海省，“羽林争霸”赛同样吸引了众多羽毛球爱好者的参与。“‘羽林争霸’赛推动了青海羽毛球活动的普及，”青海省羽毛球协会秘书长说，今年青海省有32支队伍、近400人参加比赛，希望以后继续开展类似活动，让更多老百姓参与其中。

业内人士分析，“羽林争霸”赛能创造举办212站的空前纪录，根本的原因在于羽毛球运动在中国的普及度越来越高，具有广泛的群众基础。当爱好者达到一定数量，参赛需求自然形成。

调查显示，中国羽毛球和乒乓球运动的日常参与率排在所有运动项目前列，“羽毛球热”已经从北上广等一线城市扩展到县区。“在2006年以前，办一场羽毛球赛想吸引200人参赛还比较困难，2007年就比较容易了，”中国羽协有关负责人说，“2008年以后，办羽毛球比赛已经开始为压缩比赛规模、控制参赛人数发愁了。”

一、听第一遍录音，根据新闻内容连线。

灵隐寺带队大师	比赛火爆的原因在于羽毛球运动的普及度
青海省羽毛球协会秘书长	寺里有世界上离佛最近的羽毛球馆
业内人士	比赛推动了青海羽毛球活动的普及
中国羽协有关负责人	从2007年开始参赛人数有很大变化

二、听第二遍录音，选择正确答案。

1. “羽林争霸”赛是从哪年开始举办的？ （A）

2. 关于灵隐寺球队，下面哪一项是正确的？ （B）

3. 青海省今年有多少人参赛？（D）

4. “羽林争霸”赛受欢迎的根本原因是什么？（C）

5. 新闻中介绍了哪个地方“羽林争霸”赛的赛况？（D）

6. 关于“羽林争霸”赛，下面哪一项是正确的？（B）

三、听第三遍录音，根据新闻内容填空。

2013 年“羽林争霸”城市羽毛球团体赛正在激战当中。这项比赛的发展表明，业余赛事完全可以凭借市场运作得以生存、发展和壮大。

在杭州赛区众多的“草根”高手中，出现了一支来自杭州灵隐寺的僧人羽毛球队。“寺内有 10 多位师父在日常礼佛之余，把羽毛球当作自己健身的一项运动。”

在人们印象里较为偏远的青海省，“羽林争霸”赛同样吸引了众多羽毛球爱好者的参与，推动了青海羽毛球活动的普及。

业内人士分析，“羽林争霸”赛能创造举办 212 站的空前纪录，根本的原因在于羽毛球运动在中国的普及度越来越高，具有广泛的群众基础。

调查显示，中国羽毛球和乒乓球运动的日常参与率排在所有运动项目前列，“羽毛球热”已经从北上广等一线城市扩展到县区。

19 神奇海洋

目标	通过本课的学习，学生可掌握科技新闻报道的常用句式和词汇，听懂科技新闻，记录科研成果中常用关键信息，能搜集并播报当前科技新闻。
语言点	收获颇丰；尚未
新闻常用表达	第一时间……进行……；开展……调查；对……有……价值；稳坐……交椅；占主导地位

预听　奇妙的海底生灵

海底世界一直给人一种神秘的感觉，“蛟龙号”在2013年带回的海底生物影像，更是引起了普通民众极大的兴趣。请听录音《奇妙的海底生灵》。

男：前两天深海潜水器“蛟龙号”拍到了很多很有意思的海底生物！

女：“蛟龙号”又下潜了？这次是在哪里？

男：还是在东太平洋那边，这已经是第二次了。

女：你刚才说这次拍到了很多很有意思的海底生物？

男：对啊！新闻介绍说有的连专家都不认识，比如像小老鼠一样的长着细长尾巴的鱼……

女：这么说来收获颇丰呢！

男：那当然，跟着一起下潜的专家说，他早在十年前就开始在那片海域研究海底生物了，这次下去，除了看到以前见过的以外，还看到了很多以前尚未发现的生物。

女：真的假的？十年看到的还没有一次看到的多？

男：以前只能从海面上观察，每几十平方米才只能看见一个生物，这次坐“蛟龙号”下潜，每几平方米就能看到几种生物，当然多了。

女：这么好的机会，他们一定都拍下来了！

男：机不可失嘛！能下潜到这么深的海底的机会可是千载难逢。更何况“蛟龙号”配备的拍摄装备，画面分辨率很高，他们完全可以回来以后慢慢对着资料鉴定。说不定还真能找到什么新物种呢！

女：说的我都想潜水了。普通人也可以潜到这么深吗？

男：谁知道呢。之前倒是听说有个美国导演，驾驶单人深潜器下潜到全世界海洋的最深处——马里亚纳海沟的底部。《国家地理》杂志声称这位导演下潜到了 10 898 米，是第一个单独下潜到这个海沟底部的人！

女：我倒没想过潜多深，只要能下到海里近距离看看海洋生物也就心满意足了！

一、听第一遍录音，选择正确答案。

1. 这是“蛟龙号”在东太平洋第几次下潜？（B）
2. 关于这次下潜，以下哪种说法是正确的？（B）
3. 对于这次随潜的专家，描述正确的是哪一项？（D）
4. 对于这次随潜的专家来说，这次研究与以往有什么不同？（A）
5. 以下对“蛟龙号”的描述，哪一项最准确？（C）
6. 女的对深海潜水有什么希望？（B）

二、听第二遍录音，画出并替换句子中与你听到的不一样的词。

1. 跟着一起下潜的专家说，他早在十年前就开始在那片区域研究海底生物了，这次下去，除了看到以前见过的以外，还看到了很多以前尚未发现的生物。（海域）
2. 机不可失嘛！能下潜到这么深的海底的机会可是千年难遇。（千载难逢）
3. 更何况“蛟龙号”配备的拍摄装备，画面清晰度很高，他们完全可以回来以后慢慢对着资料鉴定。（分辨率）

三、听第三遍录音，选择下列哪项是男的说过的内容。

男的说过	（√）	A. 这次“蛟龙号”下潜拍到很多以前没拍到过的生物。
	（√）	B. 随潜专家十年看到的还没有这一次多。
	（×）	C. 专家已经完成了对所拍到生物的鉴定。
	（×）	D. 普通人也可以潜到海洋深处。

精听 “蛟龙号”首次拍到深海奇异生物

占地球总面积四分之三的海洋，孕育着无数的奇异生物，每每令见到的人惊叹不已。请看新闻《“蛟龙号”首次拍到深海奇异生物》。

“蛟龙号”在东太平洋多金属结核区开展第二次下潜的时候，第一次拍摄到了大量的深海奇异生物。随团的科学家也第一时间对这些珍贵的视频资料进行了记录和整理。现在呢，也跟随本台记者一起去看一看这些美妙的深海生灵。

这就是“蛟龙号”拍摄到的深海奇异生物。这个小家伙，长着两只圆圆的耳朵，在5000多米深的海底翩然起舞，它是耳状章鱼。这个深海生灵像老鼠一样有着细长的尾巴，外形很像鼠尾鱼，但是与常见的鼠尾鱼不同，它的脸是黑色的，就像是带着一张面具。连科学家也不知道它是什么。

“这个鱼我现在还叫不出它的名字来，从形态上尾部的形状来看很像鼠尾鱼，但头部又不像，所以现在没法定。”透明的海参随流飘动，雪白的海绵笑脸相迎，奇异的深海生物，让科学家王春生大开眼界。王春生是“蛟龙号”5000米的首位乘客，过去，他曾在这一海域开展过10多年的大洋调查。虽然通过专用设备，从海面上也观察到一些海底生物，但是，坐着“蛟龙”近距离看生物还是让他深感意外。“看到了10多年在那个地方看到的巨型底栖生物，绝大部分都看到了。还看到了很多我们以前没发现的生物，比如‘耳状章鱼’，以前在法国的潜器拍的录像里看到，但是我们这个区还是第一次，第一次看到这种。”王春生介绍说，由于传统视频资料分辨率低，在他看过100多个小时金属结核勘探合同区的视频资料里，大概每45平方米，才能发现一个底栖生物。但是，坐着“蛟龙”从观察窗看，每几平方米就能看到几种生物，这就是“蛟龙”的优势。而且，“蛟龙”拍摄的视频资料分辨率很高，这些珍贵视频资料，对进一步研究深海生物有重要价值，因此，在船上他们就要在第一时间整理、记录这些深海生物。

一、看第一遍新闻，判断正误。

1. “蛟龙号”在东太平洋开展第二次下潜的时候，第一次拍摄到了大量的深海奇异生物。（√）

2. 鼠尾鱼像老鼠一样有着细长的尾巴，它的脸是黑色的，就像是带着一张面具。（×）

3. 在这次下潜中，随团的科学家看到了海参、耳状章鱼、鼠尾鱼等很多生物。（ × ）

4. 随团的科学家以前曾使用专门的设备，近距离观察过海底生物。（ × ）

5. 耳状章鱼曾经在东太平洋被拍到过。（ × ）

6. 在“蛟龙号”上，每几平方米就能看到几种生物。（ √ ）

7. “蛟龙号”拍摄的视频资料分辨率很高。（ √ ）

8. 科学家在“蛟龙号”上对这次拍到的生物进行了确定。（ × ）

二、看第二遍新闻，根据新闻内容填空。

这就是“蛟龙号”拍摄到的深海奇异生物。这个小家伙，长着两只圆圆的耳朵，在 5000 多米深的海底翩然起舞，它是耳状章鱼。

透明的海参随流飘动，雪白的海绵笑脸相迎，奇异的深海生物，让科学家王春生大开眼界。

王春生是“蛟龙号”5000 米的首位乘客，过去，他曾在这一海域开展过 10 多年的大洋调查。虽然通过专用设备，从海面上也观察到一些海底生物，但是，坐着“蛟龙”近距离看生物还是让他深感意外。

由于传统视频资料分辨率低，在他看过 100 多个小时金属结核勘探合同区的视频资料里，大概每 45 平方米，才能发现一个底栖生物。

三、用所给句式和词语模仿造句。

1. 新发现的古代文献资料对研究中国民俗和历史有重要价值，历史学家第一时间对它们进行了记录和整理。

2. 这篇报道对研究世界最新经济形势有很大的价值，很多专家第一时间对它进行了翻译和分析。

四、看第三遍新闻，根据下列提示简述新闻要点。

（略）

泛听 “天河二号”稳坐世界最快计算机交椅

在现代大数据时代下，超级计算机已不仅仅应用于科学研究，它早已经渗透到大众生活的各个领域，因此，它的性能也就显得格外重要。请听录音《“天河二号”稳坐世界最快计算机交椅》。

据报道，中国超级计算机“天河二号”打败了来自日本和美国的竞争者，再一次创造了世界最快运算纪录。该机由中国国防科技大学制造。在国际 TOP500 组织最新全球超级计算机 500 强排行榜上以每秒 33.86 千万亿次的运算速度力压美国的“泰坦”，夺得冠军。美国研制的“泰坦”以每秒 17.6 千万亿次的速度屈居第二。

世界最快超级计算机排名是对全球 500 个最强计算机系统排名的榜单，于 1993 年开始公布。2010 年，“天河二号”的前辈“天河一号”也曾登顶榜单，但随后被日本超级计算机挤到第二位。

世界最快超级计算机排名每半年公布一次，在 2013 年 6 月公布的上次排名中，“天河二号”曾以每秒 33.86 千万亿次的运算速度首次夺冠。

报道同时也指出，尽管中国超级计算机排名位居榜首，但美国仍占总榜单的主导地位，在 500 个上榜计算机中，美国占 265 个。从地理分布上看，美洲排第一，然后是亚洲（占 115 个）和欧洲（占 102 个）。

但是，计算机科学家们也对这种测试的方式提出了批评，指出单凭运算次数并不能直接代表超级计算机的性能。曾有专家表示："我们需要更实际的衡量方式，在这些超级计算机最重要的应用基础上反映它们的真正用途。”该负责人强调，尽管“天河二号”在处理能力上得分最高，但任何计算机的有效运行都存在问题。例如，尽管“天河二号”也许能以特定的高速处理数据，但如果它无法以足够快的速度将数据传送到中央处理器，它可能就无法达到最快速度。

但是，世界最快超级计算机排名的重要象征意义，意味着任何改变排名方式的提议都可能会遭到“抵制”。

一、听第一遍录音，选择正确答案。

1. 这是“天河二号”第几次夺得冠军？ （B）

2. 在最新的 500 强排名中，美国的超级计算机占据多少个？ （C）

3. 这个组织是根据什么对超级计算机进行排名的？ （A）

4. 关于超级计算机排名，描述正确的是哪一项？ （B）

5. 从地理分布上看，占据榜单前三位的国家或地区依次是什么？ （D）

6. 对于改变排名方式的提议，描述正确的是哪一项？ （A）

二、听第二遍录音，根据新闻内容填空。

据报道，中国超级计算机“天河二号”打败了来自日本和美国的竞争者，再一次创造了世界最快运算纪录。

2010 年，“天河二号”的前辈“天河一号”也曾登顶榜单，但随后被日本超级计算机挤到第二位。

报道同时也指出，尽管中国超级计算机排名位居榜首，但美国仍占总榜单的主导地位，在 500 个上榜计算机中，美国占 265 个。

但是，计算机科学家们也对这种测试的方式提出了批评，指出单凭运算次数并不能直接代表超级计算机的性能。曾有专家表示：“我们需要更实际的衡量方式，在这些超级计算机最重要的应用基础上反映它们的真正用途。”

三、听第三遍录音，根据下列提示简述新闻要点。

（略）

20 动植物乐园

目标	通过本课的学习，学生可掌握环境新闻报道的常用句式和词汇，听懂保护动植物的新闻，记录相关保护法规、措施中的常用关键信息，能搜集并播报关于动植物的新闻。
语言点	称得上是……；申请许可
新闻常用表达	数量达到了……；被誉为……；供……用；对……加强……；遏制……（的）趋势

预听　我想去云南

自一个多世纪前人类首次与黑颈鹤相识以来，每年冬天，都有大批的科学家、摄影家，背负行囊，来到云南，登上大山包，近距离接触黑颈鹤。请听录音《我想去云南》。

男：这次放假，我想有机会的话，去云南转转。

女：好啊，去看看大理的“风花雪月”，体验一下香格里拉的世外桃源……云南的美丽风光和各种民族风情，一定会让你流连忘返的。

男：其实我以前去过云南，这些地方也大都游览过了。我这次之所以想再去一次，是听说那边有个大山包湿地，是国家级自然保护区，每年这个时候都有很多的黑颈鹤在那里过冬，我很想去看看，也算是开开眼界。

女：大山包湿地？怎么没听说过啊！

男：大山包在云南的昭通地区，目前基本上还称得上是一块旅游的处女地吧，没有经过什么开发，很有些纯天然的味道。

女：既然是自然保护区，每年又有很多黑颈鹤在那里过冬，我们要进去的话，需要申请许可吧？

男：这倒没听说，毕竟黑颈鹤栖息地只是它的一部分。不过，我主要就是想去看黑颈鹤的，要知道，那可是国际濒危、国家一级保护动物啊！

女：专门去一趟云南，却只是看看黑颈鹤，会不会有些单调啊？

男：怎么会！黑颈鹤可是世界上唯一一种在高原上繁殖越冬的鹤类，而云南北部的大山包地区又是全球最大的黑颈鹤越冬栖息地。你想，在一片冰天雪地里，成群的黑颈鹤在翩翩起舞，这是多么难得一见的画面啊！

女：也是。更何况，大山包湿地是国家级自然保护区，那里的自然生态环境就更不用说了，哪怕什么都不做只是住两天也是很好的休息和享受了。

男：那当然！我这次一定要把新买的单反相机带上，还有长镜头……回头把在那边儿拍的照片给你看看，放在电脑桌面上，一定倍儿有面子！

女：那我就翘首以待了！

一、听第一遍录音，根据内容回答问题。

1. 男的为什么想去云南？

他想去大山包湿地自然保护区看黑颈鹤。

2. 去大山包湿地旅游的人多么？

不多，大山包湿地是旅游处女地。

3. 与其他鹤类相比，黑颈鹤最大的特点是什么？

它是世界上唯一一种在高原上繁殖越冬的鹤类。

二、听第二遍录音，判断正误。

1. 男的想在假期去云南香格里拉和大山包湿地看看。（×）
2. 大山包湿地是国家级自然保护区。（√）
3. 每年都有很多人去大山包湿地看黑颈鹤。（×）
4. 男的已经申请了进入大山包湿地的许可。（×）
5. 黑颈鹤是国际濒危、国家二级保护动物。（×）
6. 黑颈鹤是世界上唯一一种在高原上繁殖越冬的鹤类。（√）
7. 大山包地区是世界上最大的黑颈鹤越冬栖息地。（√）
8. 男的打算把拍回来的照片展示在桌面上。（×）

三、讨论。

（略）

精听　大山包湿地：黑颈鹤的乐园

为保护生态，我国在很多具有典型自然生态系统的地区建立了保护区，对其中的生物给予特殊的保护。云南的大山包湿地就是其中之一。请看新闻《大山包湿地：黑颈鹤的乐园》。

云南昭通的大山包湿地是“鸟类熊猫”黑颈鹤的越冬栖息地，这两天到大山包湿地过冬的黑颈鹤已经接近1400只，数量达到了世界黑颈鹤总数的六分之一。下面就让我们一起走近大山包，看看那里的黑颈鹤。

这群在天空中翱翔的精灵，就是黑颈鹤。它们这两天刚刚飞抵大山包的大海子湿地，正忙着熟悉周围的环境。黑颈鹤是世界上唯一一种在高原上繁殖越冬的鹤类，属国际濒危、国家一级保护野生动物。每年农历的九月份，它们从四川诺尔盖来到大山包湿地越冬，并在第二年农历三月飞走。据大山包黑颈鹤国家级自然保护区管理局的专家介绍，在不到1个月的时间里，到大山包越冬的黑颈鹤已经达到了1372只。

“目前到大山包越冬的黑颈鹤，占了整个黑颈鹤种群的六分之一。目前，黑颈鹤在世界上的总数大概是8000到10 000只。所以大山包是黑颈鹤越冬的比较重要的栖息地和中转站。”

近年来，随着生态环境改善，大山包黑颈鹤的数量稳定在1200只到1500只之间，因此大山包也被誉为我国的“黑颈鹤之乡”。保护区的专家还告诉记者，今年他们在鹤群里发现了一只环志过的黑颈鹤。“其中有一只是连续四年都被我们监测到。这也就说明了大山包的自然生态环境保持了一种比较良好的状态，而且也相对比较稳定。”

由于大山包冬季多雾，能见度比较差，黑颈鹤在飞行过程中容易撞到电线杆，保护区先后拆除了160多根电线杆；为了帮助黑颈鹤解决口粮问题，保护区的工作人员每年还要种植近100亩的土豆。“我们在这里种了一片洋芋（土豆），供黑颈鹤野外觅食用。我们只种不收，由黑颈鹤进来自由觅食。”

一、看第一遍新闻，根据新闻内容回答问题。

1. 根据新闻，你对黑颈鹤有了什么了解？

黑颈鹤是世界上唯一一种在高原上繁殖越冬的鹤类，属国际濒危、国家一级保护野生动物。每年农历的九月份，它们从四川诺尔盖来到大山包湿地越冬，并在第二年农历三月飞走。

2. 从哪里可以看出大山包湿地的生态环境得到了改善？

这里的黑颈鹤数量稳定，其中有一只连续四年都被监测到。

3. 为了帮助黑颈鹤的生活，保护区的工作人员都采取了什么措施？

拆除电线杆；种洋芋（土豆）供黑颈鹤食用。

二、看第二遍新闻，选择正确答案。

1. 关于黑颈鹤的描述，下面哪一项是错误的？ （D）
2. 黑颈鹤每年什么时候来到大山包湿地？ （C）
3. 黑颈鹤在大山包湿地繁殖越冬的原因中，不包括下面哪一项？ （B）
4. 为什么大山包湿地被誉为“黑颈鹤之乡”？ （D）
5. 为什么说大山包的自然生态环境保持了一种比较良好的状态？ （D）
6. 关于在大山包越冬的黑颈鹤，下面哪项是正确的？ （C）

三、给下列句子排列。

（2）	A. 每年农历的九月份，它们从四川诺尔盖来到大山包湿地越冬，并在第二年农历三月飞走。
（4）	B. 为了帮助黑颈鹤解决口粮问题，保护区的工作人员每年还要种植近 100 亩的土豆。
（1）	C. 黑颈鹤是世界上唯一一种在高原上繁殖越冬的鹤类，属国际濒危、国家一级保护野生动物。
（3）	D. 目前到大山包越冬的黑颈鹤，占了整个黑颈鹤种群的六分之一。保护区的专家还告诉记者，今年他们在鹤群里发现了一只环志过的黑颈鹤。

四、看第三遍新闻，根据下列提示简述新闻要点。

（略）

泛听　我国野生动植物保护成绩斐然

我国长期以来都将野生动植物及其栖息地的保护、建设和发展视为重要事业之一，并采取了一系列相关措施。请听录音《我国野生动植物保护成绩斐然》。

这十年我们国家新建自然保护区近1000处，占国土面积十分之一多的自然保护区，让野生动植物有了安全舒适的家。

要说我国的野生动植物还真不少，鸟类、鱼类等动物就有7500种，植物更是多达30 000多种，野生动植物数量在世界上位居第三。为了让这些动植物健康成长，这十年，咱们国家可没少下功夫：第一招，就是建立保护圈。这十年新建林业自然保护区近1000处，近1.23亿公顷的保护区成了野生动植物安全舒适的家园。

第二招，关注数量稀少的野生动植物。十年来，我们国家对160多种珍稀濒危野生动物加强了保护和监测，对栖息地进行维护，建立了大熊猫、朱鹮等200多种濒危野生动物和上千种植物稳定的人工种群，帮助这些物种摆脱了灭绝的危险。就拿我们憨厚可爱的国宝大熊猫来说吧，十年前，人工饲养大熊猫数量只有60只，而现在已经达到了330只，野生大熊猫的数量，十年间也增加了200多只。壮大的熊猫家族承担的责任也越来越重：这十年，有40余只大熊猫被送往美国、西班牙、新加坡等许多国家用于交流研究，成为中国最受欢迎的友好使者。除了人工饲养大熊猫外，我国还专门组织实施了保护大熊猫及其栖息地的工程，有效地遏制了野外大熊猫种群下降的趋势。日前记者从世界自然基金会获悉，其安装在中国自然保护区的红外相机多次拍摄到野生大熊猫。此外，我国近年来还相继拍摄到野生东北虎、滇金丝猴等国际濒危动物和稀有种群。

一、听第一遍录音，根据新闻内容回答问题。

1. 新闻中“让野生动植物有了安全舒适的家”，其中“家”指的是什么？

建立自然保护区。

2. 中国为保护野生动植物采取了哪几项措施？

建立保护圈；关注数量稀少的野生动植物。

3. 对熊猫的保护，成果如何？

熊猫数量增加；有效地遏制了野外大熊猫种群下降的趋势。

二、听第二遍录音，选择正确答案。

1. 关于自然保护区的描述，下面哪一项是错误的？（A）
2. 下面哪一项是新闻中提到的两大保护措施之一？（A）
3. 我国对珍稀动植物的保护措施中，不包括下面哪一项？（A）
4. 关于大熊猫的描述，下面哪一项是正确的？（C）
5. 我国组织实施保护大熊猫及其栖息地工程的目的是什么？（C）
6. 以下哪一种动物没有被安装在自然保护区的红外相机拍摄到？（A）

三、听第三遍录音，根据新闻内容填空。

要说我国的野生动植物还真不少，鸟类、鱼类等动物就有 7500 种，植物更是多达 30 000 多种，野生动植物数量在世界上位居第三。

十年来，我们国家对 160 多种珍稀濒危野生动物加强了保护和监测，对栖息地进行维护，建立了大熊猫、朱鹮等 200 多种濒危野生动物和上千种植物稳定的人工种群，帮助这些物种摆脱了灭绝的危险。

壮大的熊猫家族承担的责任也越来越重：这十年，有 40 余只大熊猫被送往美国、西班牙、新加坡等许多国家用于交流研究，成为中国最受欢迎的友好使者。

除了人工饲养大熊猫外，我国还专门组织实施了保护大熊猫及其栖息地的工程，有效地遏制了野外大熊猫种群下降的趋势。

小测验（四）

一、听第一篇新闻，选择正确答案。

金砖五国银行“定都”上海

据新华社电，7月15日，中国、巴西、俄罗斯、印度和南非在巴西福塔莱萨签署协议，成立“金砖国家新开发银行”，建立金砖国家应急储备安排。这既是金砖国家在金融领域取得的又一重大合作成果，也是对全球现有金融体系的有益补充。

根据金砖国家领导人第六次会晤发表的《福塔莱萨宣言》，银行总部将设在上海，首任行长将来自印度。金砖国家新开发银行初始核定资本是1000亿美元，初始认缴资本是500亿美元，由各创始成员国均摊。上个世纪成立的世界银行与亚洲开发银行，初始资本分别是100亿美元和10亿美元。

分析人士普遍认为，这两项开拓性的合作机制将对金砖国家和其他新兴市场国家及发展中国家的发展提供更有力的支持，也将帮助他们更好地应对国际资本流动风险和金融动荡冲击。中国社科院世界经济与政治研究所全球治理研究室副主任黄薇说：“新开发银行主要是为金砖国家的发展，特别是基础设施建设提供支持。这既是金砖国家的发展需求，也是对现有国际机制的有益补充。”

金砖国家开发银行是在2013年第五次金砖国家领导人峰会上提出建立的，目的是“简化金砖国家间的相互结算与贷款业务，减少对美元和欧元的依赖”。原有的世界银行是二战后布雷顿森林体系的组成部分，话语权长期被美欧等西方国家把持。金砖银行与世界银行的最大不同体现在民主原则上，即五个国家拥有相等的权利。

分析人士表示，新开发银行的成立和应急储备安排的建立，也向国际社会传递出金砖国家正切实采取行动加强合作、解决问题的信号。这两项合作不会对现有国际机制形成冲击和挑战，反倒有利于它们的不断完善。

1. 新闻报道的是哪一个银行宣布成立？（C）
2. 在哪个国家签署的银行成立协议？（A）
3. 金砖五国银行总部将设在哪个城市？（B）
4. 金砖五国银行首任行长将来自哪个国家？（C）
5. 关于金砖五国银行的初始资本，下面哪一项是正确的？（D）

6. 在世界银行、亚洲开发银行和金砖五国银行中，初始资本最少的是哪一个？（B）
7. 下面哪一项不是金砖五国银行成立的宗旨？（A）
8. 金砖五国银行是在哪一次五国领导人峰会上提出建立的？（C）
9. 与世界银行相比，金砖五国银行最大的特点是什么？（D）
10. 根据新闻，金砖五国银行对现有国际金融机制的影响，下面哪一项是错误的？（C）

二、听第二篇新闻，判断正误。

理性看待国产电影票房“逆袭”

国家新闻出版广电总局电影局日前公布全国电影产业数据显示，2013 年上半年，全国电影票房收入 109.94 亿元，相比于去年同期的 80.7 亿元，增长了约 36%，其中国产片票房 68.5 亿元，力压进口影片的 41.44 亿元。相对于去年进口影片的一枝独秀，今年国产影片实现了一次成功的“草根”逆袭。

据了解，2013 年上半年共有 13 部国产电影票房过亿，其中有 4 部电影票房超过了 5 亿元：《西游降魔篇》12.46 亿元，《北京遇上西雅图》5.20 亿元，《致我们终将逝去的青春》7.19 亿元，《中国合伙人》5.39 亿元。

业界普遍把 2013 年国产电影取得的好成绩归因于观影人数和银屏数量的增加。据统计，2013 年上半年，观影人数达到了 3.1 亿人次，而 2012 年同期，这个数字只有约 2 亿人次。同时，随着城镇化进程的加速及商业地产发展的持续升温，院线的铺设速度也大大提高。目前，内地电影市场总银幕数已超过了 15 000 块。二三线城市院线铺设集中放量，为更多的消费者提供了观看电影的渠道。

如果仅从数据上来看，国产电影力压进口片，取得票房收入的大头，可能会让很多人认为国产片将进入飞速崛起的时代。但是火爆票房的背后却难掩国产片的不足。今年上半年，有 117 部国产电影上映，但是国产电影票房榜前 10 的影片，总共拿走了国产片总票房 68.8 亿元中的 45.37 亿元，占比高达 66%，剩余的 107 部电影只占了市场份额的三成。大多数的影片仍然存在着定位不清、宣传乏力、档期不佳等种种问题。

值得关注的是，类似《致我们终将逝去的青春》《小时代》这样青春题材的电影在今年上半年票房成绩不俗。但是，青春题材的电影已经在台湾地区被证明并非是救市的良药，一个题材的火热不能意味着整个国产影片都火热起来，观众的口味不会一直不变的。如果电影人仅仅看见当前的火热，扎堆于“小成本、小清新”，迟早会引起整个市场的消化不良。

11. 与 2012 年同期相比，2013 年上半年全国电影票房下降了。（×）

12. 2013 年上半年全国电影票房中，国产影片票房超过进口影片。（√）

13. 2013 年上半年共有 12 部国产电影票房过亿。（×）

14.《中国合伙人》电影票房超过了 5 亿元。（√）

15.《北京遇上西雅图》是一部进口影片。（×）

16. 观影人数增加是国产电影取得好成绩的主要原因之一。（√）

17. 银屏数量的增加与城镇化进程的加速及商业地产发展的持续升温无关。（×）

18. 2013 年上半年国产电影的高票房主要集中在排名前 10 位的影片中。（√）

19.《小时代》是一部台湾制作的青春题材的电影。（×）

20. 电影市场会长时间钟情于某一个特定题材的小成本电影。（×）

三、听第三篇新闻，选择正确答案。

欧洲杯西班牙成功卫冕创纪录

一场胜利让西班牙队头上多了无数的光环：4 比 0，这是欧洲杯决赛当中最悬殊的比分纪录；3 次问鼎，西班牙队追平了德国队欧洲杯夺冠的纪录；第一支成功卫冕的球队，第一支连夺 3 届大赛冠军的球队，在这一刻，西班牙似乎就是“纪录”的代名词。

巨大的欧洲杯冠军奖杯屹立在球员通道前的球场边，无论是卫冕冠军西班牙队，还是第 4 次进入决赛的意大利队，都渴望着冠军的荣耀。

本场比赛西班牙队一改前几场的风貌，他们明显提高了作战速度。中场指挥官哈维的“复活”，更是让西班牙队很轻松地就能突破意大利队的防线。第 14 分钟，席尔瓦头球破门，率先改写了场上比分。一球落后的意大利队在第 20 分钟时遭受不幸，防守悍将基耶利尼受伤被替换下场。意大利人在努力防守的同时也在伺机寻找扳平比分的机会，但始终无法攻破卡西利亚斯把守的大门。

一向后防稳固的意大利队在第 41 分钟时再受打击，阿尔巴将球传给哈维后快速前插，哈维精准的传球穿透了意大利队的后防线，阿尔巴单刀赴会，将场上比分改写为 2 比 0。这也是阿尔巴 11 场国家队比赛的首次破门。

易边再战，意大利主帅普兰德利放手一搏，他用完了手中全部的 3 个换人名额，却没想到这招会让球队更加被动。第 61 分钟，灾难再次降临到意大利队身上，替补球员莫塔在场上仅仅拼搏了 6 分钟就因伤下场。意大利队被迫以 10 人迎战原本就占据优势的西班牙队。

第 84 分钟，哈维的妙传再次无情地撕开意大利队的防线，托雷斯近距离洞穿了布冯把守的大门。4 分钟后，托雷斯助攻马塔，将场上的比分锁定在了 4 比 0。

时隔 4 年，西班牙队再次获得欧洲杯的冠军，成为欧洲杯历史上第一支卫冕成功的球队。

21. 新闻讲述的是哪一场比赛的情况？（C）

22. “悬殊”这个词可能是形容什么的？（D）

23. 这次比赛的双方是哪两支球队？（C）

24. 这场比赛的比分是多少？（A）

25. 西班牙队第一位进球的球员是谁？（B）

26. 关于西班牙球员阿尔巴，下面哪一项是错误的？（A）

27. 西班牙队本场比赛最后一个进球是在什么时候？（D）

28. 意大利队以 10 人迎战西班牙队是在什么时候？（B）

29. 关于意大利队，下面哪一项是正确的？（D）

30. “卫冕”这个词是什么意思？（D）

四、听第四篇新闻，判断正误。

QQ 浏览器稳坐头把交椅

据易观智库最新发布的报告数据，QQ 浏览器以超过 7100 万的覆盖人群数和超 1.25 亿小时的使用时长，稳坐手机浏览器市场份额老大的宝座。这一数据意味着功能机时代以 UC 一家独大的手机浏览器市场格局告吹。而随着市场的优胜劣汰，未来也将成为巨头之间的游戏。

数据显示，2013 年 7 月，手机浏览器类 App 覆盖人群数排名前三位的分别是：QQ 浏览器 7172.86 万，UC 浏览器 6230.83 万，百度浏览器 5453.06 万。使用时长排名前三位的依然是 QQ 浏览器、UC 浏览器以及百度浏览器。

QQ 浏览器之所以一直能够保持出色的上网体验，主要得益于它没有 UC 浏览器那样多的盈利压力，所以不用持续为浏览器增加盈利项目，因为持续做加法，会让浏览器变得越来越臃肿，体验会越来越差。很多手机用户都反馈，QQ 浏览器自发布 X5 内核以来，上网速度极快，而对手的产品增加了一些用户并不需要的功能，导致上网速度变慢、体验变差。在没有盈利压力下，浏览器可以更专注于产品体验。

随着移动互联网和社交网络的爆发，百度、腾讯等流量巨头纷纷推出自有浏览器或者

App，这进一步分散了手机浏览器的市场份额。易观智库研究发现，鉴于原生 App 逐渐增加的话语权，各浏览器厂商之间的竞争聚焦于阅读、音乐、视频等内容为核心的服务，手机浏览器用户和流量加速向互联网巨头转移。

以阅读为例，目前用户手机阅读依然以通过浏览器登录网站为主，占比 55.2%，而通过客户端在线阅读的比例为 41.5%，有较大幅度的提升。从用户使用习惯的变化趋势来看，客户端阅读人群的比例还会提高，即未来还会有越来越多的用户向阅读客户端迁移，所以对于手机浏览器厂商来说，在客户迁移过程中，需要利用资源优势，实现内容聚合，更重要的是完善以用户需求为核心的个性化阅读体验，从而抓住用户。

31. 在目前的手机浏览器市场，占份额最大的是 UC 浏览器。（×）

32. QQ 浏览器的使用时长最长。（√）

33. 从覆盖人群数和使用时长看，百度浏览器都排名第二位。（×）

34. 新闻中引用的报告应该是 2013 年 7 月以前发布的。（×）

35. 新闻认为 QQ 浏览器的盈利压力比 UC 浏览器的大。（×）

36. 用户选用 QQ 浏览器的原因之一是上网速度快。（√）

37. 手机浏览器厂商之间的竞争集中在阅读、音乐、游戏等内容。（×）

38. 用客户端来阅读的人群所占比例在上升。（√）

39. 浏览器厂商未来的工作重点应该是开发新项目。（×）

40. 新闻认为，百度、腾讯等互联网巨头在手机浏览器市场上有更强的竞争力。（√）

五、听第五篇新闻，判断正误。

黑龙江洪河保护区为 350 对东方白鹳置“婚房”

近日，黑龙江省洪河国家自然保护区为东方白鹳新建的 35 个人工鸟巢投入使用。至此，洪河保护区 20 年来累计搭建人工鸟巢 183 个，为 350 对东方白鹳提供了“婚房”。

东方白鹳每年 3 月下旬从越冬地回迁至保护区，天气、降雪等不利因素直接影响东方白鹳筑巢繁殖。为让更多东方白鹳在洪河保护区“落户”，红河保护区科研人员根据东方白鹳的生活习性，用木杆、树枝、茅草、铁丝等材料，为它们在湿地内搭建人工鸟巢。20年以来，共有 183 对东方白鹳在洪河保护区内的人工“婚房”安家，繁衍雏鸟 1000 只以上。

记者从洪河保护区了解到，除了搭建人工鸟巢，科研人员还对东方白鹳的数量分布、繁殖习性、迁徙行为等内容开展研究，确保东方白鹳在全球的种群数量逐年攀升。

黑龙江洪河国家级自然保护区位于三江平原腹地，总面积 21 836 公顷，被誉为“中国东方白鹳之乡”。保护区主要保护水生、陆生生物及其环境共同组成的湿地生态系统以及东方白鹳、丹顶鹤、白枕鹤、大天鹅等珍稀濒危野生动物。

41. 新闻中提到的自然保护区位于黑龙江省。（√）
42. 洪河保护区是一个省级自然保护区。（×）
43. 东方白鹳应该是一种鱼类。（×）
44. 根据新闻，东方白鹳一般冬季到保护区生活。（×）
45. 天气因素对东方白鹳的繁殖没有影响。（×）
46. 科研人员在保护区搭建人工鸟巢，主要是为了吸引东方白鹳来安家，促进其繁殖。（√）
47. 20 年来，保护区中一共繁殖了 183 只小鸟。（×）
48. 科研人员只需要关心东方白鹳的繁殖习性，不需要研究它的迁徙行为。（×）
49. 丹顶鹤是一种濒危野生动物。（√）
50. 洪河保护区中只有东方白鹳这一种动物。（×）